高等教育自学考试融媒体配套辅导

U0501188

学前教育研究方法
核心考点精解

本书编写组　编

中国教育出版传媒集团

高等教育出版社·北京

图书在版编目（CIP）数据

学前教育研究方法核心考点精解／《学前教育研究方法核心考点精解》编写组编.--北京:高等教育出版社,2023.3

ISBN 978-7-04-059675-5

Ⅰ.①学… Ⅱ.①学… Ⅲ.①学前教育-研究方法 Ⅳ.①G612

中国国家版本馆 CIP 数据核字（2023）第 006538 号

XUEQIAN JIAOYU YANJIU FANGFA HEXIN KAODIAN JINGJIE

策划编辑　袁　畅	责任编辑　袁　畅	封面设计　贺雅馨	版式设计　杨　树
责任绘图　邓　超	责任校对　吕红颖	责任印制　刁　毅	

出版发行	高等教育出版社	网　　址	http://www.hep.edu.cn
社　　址	北京市西城区德外大街 4 号		http://www.hep.com.cn
邮政编码	100120	网上订购	http://www.hepmall.com.cn
印　　刷	肥城新华印刷有限公司		http://www.hepmall.com
开　　本	787mm×1092mm　1/16		http://www.hepmall.cn
印　　张	11.5		
字　　数	250 千字	版　　次	2023 年 3 月第 1 版
购书热线	010-58581118	印　　次	2023 年 3 月第 1 次印刷
咨询电话	400-810-0598	定　　价	41.00 元

本书如有缺页、倒页、脱页等质量问题,请到所购图书销售部门联系调换

版权所有　侵权必究

物　料　号　59675-00

前言

为帮助参加全国高等教育自学考试的考生更好地学习、应考,在最短的时间内掌握更多的知识,顺利通过考试,我们精心编写了这本《学前教育研究方法核心考点精解》。

本书根据全国高等教育自学考试指导委员会颁布的考试大纲,依照新版教材,参照最新考试题型编写而成,全面覆盖了考试大纲所要求掌握的知识点,且重点突出,从内容和形式上都保证了本书的专业性、权威性和准确性。

建议考生将本书与相应教材配套使用,通过系统性的练习,加深对该学科考试内容的理解和记忆,掌握常用解题方法和技巧,全面巩固知识点。本书每一章由教材知识思维导图、本章重难点知识概要、重难点知识精讲(穿插真题训练)、强化练习与参考答案及解析等部分构成。

每章内容组成如下:

第一部分:教材知识思维导图,为考生梳理每一章的知识点及各个知识点之间的联系,形成一个整体的知识框架,使考生对本章内容一目了然。

第二部分:本章重难点知识概要,提炼每章的重点知识、难点知识及给考生的学习建议。

第三部分:重难点知识精讲,为考生整理了本章的重点及难点,将教材中复杂的理论简单化,并配有"真题训练",每道真题后都有参考答案及详细的解析,考生可以边学边做,随时查阅教材,方便省时、加深记忆。

最后部分是强化练习、参考答案及解析。通过知识的应用,能巩固考生对知识点的记忆,同时能及时检测考生对知识点的掌握程度。

在本书最后的附录中为考生提供两套模拟试卷,均附有参考答案及解析,模拟试卷的题型及难度与真题相仿,注重实战,讲求技巧,通过精准的预测、深入的要点分析、详细的解析,力求全真模拟考试,切实提高考生的综合应试能力,满足考生科学地进行自我考评的需求。

本书还配有免费数字资源,包括两套真题,扫描封面二维码,即可在线答题。

考生的成功是我们最大的心愿,考生的支持是我们最大的动力,考生的需要,就是我们努力的方向。我们诚挚希望本书能助考生一臂之力。同时,书中的不足之处敬请各位专家和同人不吝指正。

编　者

目录

第一章
幼儿园教师应做什么样的研究

一、 教材知识思维导图

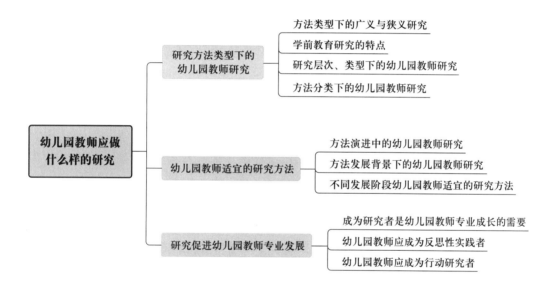

二、 本章重难点知识概要

重点知识:学前教育研究方法的含义;学前教育研究方法的学科性质;学前教育研究方法的任务和作用;学前教育研究的方法体系。

难点知识:学前教育研究方法的灵活运用。

学习建议:本章内容理论性较强,建议先理清知识点的逻辑关系再进行理解记忆。

三、 重难点知识精讲

（一）方法类型下的广义与狭义研究

1. 狭义的研究

狭义的"研究"，把研究理解为专业人员（科学家、教授、研究员等）从事的学术性活动，这种活动通常有高的准入要求，有严格的规范、程序、标准以及专业训练的成长途径。

2. 广义的研究

研究者与合作者、同事间对某些具体事务的商讨、思考、议论、审思、决议、专研、探求，是人们一般的理性思考和解决问题的探究活动，这就是广义的"研究"。

（二）学前教育研究的特点

（1）从研究对象看，学前教育研究的对象是学前教育现象，特别是学前儿童。

（2）从研究过程看，学前教育研究是理解学前教育现象及规律的认识过程，以揭示和发现学前教育领域内各种现象的客观规律、研究学前教育科学的知识体系为目的，进而用于指导学前教育实践，改进学前教育的内容和方法，提高学前教育质量，更好地促进学前儿童发展。

（3）从研究的内容看，狭义的学前教育研究的范畴是幼儿园里幼儿的行为活动和教师的行为活动。

（4）从研究的学科性质看，学前教育不单纯是一门应用性学科，它注重研究作为一种社会现象的早期儿童教育。

【真题训练】

（2020.10）①单项选择题：学前教育研究的对象是（   ）。

A. 学前教育规律   B. 学前教育现象   C. 学前教育活动   D. 学前教育方法

【答案】B

【解析】从研究对象看，学前教育研究的对象是学前教育现象，特别是学前儿童。

（三）研究层次、类型下的幼儿园教师研究

1. 学前教育研究的方法体系

广义的研究方法体系包括三个层次：方法论、一般方法和具体研究方法。

---

① 2020.10 指本题为 2020 年 10 月考试真题。

狭义的科学方法指科研中解决问题的具体方法和手段。

【真题训练】

(2020.10)单项选择题:学前教育研究方法的层次不包括(   )。

A. 方法概论   B. 方法论   C. 一般方法   D. 具体研究方法

【答案】A

【解析】广义的研究方法体系包括三个层次,即方法论、一般方法和具体研究方法。

2. 学前教育研究的类型

依据学前教育研究的目的,学前教育研究可划分为基础研究、应用研究、开发研究、评价研究和行动研究5种类型。

(1)基础研究。

基础研究属于纯科学研究或学术研究,注重一般知识、普通原理和原则的建立。基础研究的目的在于认识未知,发现普遍规律,形成和发展教育基本理论。

(2)应用研究。

应用研究是运用基础研究得出的一般原理和原则,针对某个具体的实际问题深入考察某一局部领域的特殊规律,然后提出具有较强针对性的应用理论和方法。其研究目的在于解决实际问题。

(3)开发研究。

开发研究是根据学前基础研究和应用研究的成果,为学前教育工作者提供能够直接运用的教育产品。开发研究具有可实际操作即"拿来就用"的特点。

(4)评价研究。

评价研究是对学前教育机构、课程、教育计划方案等的价值作出评定判断而展开的研究,是为政策分析和决策提供依据的一种重要研究手段。评价研究包括获取信息、赋值判断、制定决策三个要素,研究的目的在于收集能够帮助做好决策的资料信息。评价研究可以分为形成性评价研究和终结性评价研究。

(5)行动研究。

行动研究是学前教育研究者深入幼儿园或其他社会托幼机构,以改进实际工作的一种研究方式。其目的在于系统地、科学地解决实际问题。

【真题训练】

(2021.10)单项选择题:对学前教育机构、课程、教育计划方案等的价值作出评定判断,并为政策分析和决策提供依据的研究属于(   )。

A. 基础研究   B. 应用研究   C. 评价研究   D. 开发研究

【答案】C

【解析】评价研究是对学前教育机构、课程、教育计划方案等的价值作出评定判断而展开的研究,是为政策分析和决策提供依据的一种重要研究手段。

3. 质性研究与量化研究

从方法学角度看,学前教育研究有两种类型,即质性研究与量化研究,具体见表1-1。

表1-1   学前教育研究的类型

名称	内容	理论基础	基本过程
质性研究	也称定性研究,是指以文字和图片对教育现象作描述	解释主义	确定研究现象、陈述研究目的、提出研究问题、了解研究背景、构建概念框架、抽样、收集材料、分析材料、作出结论、建立理论、撰写研究报告等
量化研究	也称定量研究,是指用数字对教育现象加以量的表示	实证主义	研究者事先建立假设并确定具有因果关系的各种变量;然后使用某些经过检测的工具对这些变量进行测量和分析,从而验证研究者预定的假设

(四) 方法分类下的幼儿园教师研究

1. 具体方法的分类方式

具体方法的分类方式见表1-2。

表1-2   具体方法的分类方式

分类方式	分类
依据研究有无控制性	经验法与实验法
依据研究场所的不同	实验室研究和自然研究
依据研究所描述的状态	历史法、描述法和实验法
依据收集事实材料的途径	历史法(文献法)、观察法、调查法、实验法

2. 学前教育研究的具体方法

(1) 历史法(文献法)。

历史法(文献法)亦称资料研究法,是通过分析研究人类过去丰富的教育实践和教育思想,认识教育以及教育思想发展的规律性,主要手段是查阅文献资料。

(2) 观察法。

观察法是学前教育研究的基本方法,指的是研究者有目的、有计划地对所要研究的对象做周密的观察,同时要求客观、详细地记录,根据对观察结果的分析,找出规律性的东西。

(3) 调查法。

调查法(间接观察法)是通过各种方式和手段,有目的、有计划地周密地了解教育工作中某一方面的现实状况,弄清存在的问题或成效及其可能的原因,通过调查到的大量事实,概括出教育的规律性,探求发展趋向的一种研究方法。

（4）实验法。

实验法是根据研究目的,有计划地改变或创造一定的条件,观察、记录、测定与此相伴随的现象的变化,从而进行分析研究,确定条件与现象之间因果关系的方法。

3. 学前教育研究的基本环节

学前教育研究过程的6个环节包括:(1)选择研究问题;(2)查阅文献;(3)研究设计;(4)收集资料;(5)整理分析资料;(6)成果表达与评价。

【真题训练】

(2018.4)单项选择题:学前教育研究过程的第一个环节为(　　　)。

A. 查阅文献　　　　B. 选择研究问题　　　C. 研究设计　　　　D. 收集资料

【答案】B

【解析】学前教育研究的过程由6个环节组成:(1)选择研究问题;(2)查阅文献;(3)研究设计;(4)收集资料;(5)整理分析资料;(6)成果表达与评价。

考点二：幼儿园教师适宜的研究方法

（一）方法演进中的幼儿园教师研究

学前教育研究方法的演进历程划分为以下三个阶段:

（1）直观思辨的经验化阶段;

（2）实证分析的自然科学化阶段;

（3）方法整合的多元化阶段。

（二）方法发展背景下的幼儿园教师研究

现代学前教育研究方法的特点如下:

（1）学科研究方法的界线越来越模糊;

（2）学前教育研究方法论由二歧走向整合;

（3）学前教育研究技术的高度专业化;

（4）学前教育研究的生态学运动;

（5）学前教育行动研究的走向。

【真题训练】

(2018.10)单项选择题:学前教育研究中量化研究常用的统计软件包是(　　　)。

A. SPSS　　　　B. FMRI　　　　C. ERP　　　　D. PET

【答案】A

【解析】从近几年欧美等国学前教育的相关文献看,研究手段与技术出现高度专业化的趋势。主要表现为:统计技术更加依赖于统计软件包的专业化,SPSS、SAS、Lisel、**Multilevel**

Analysis 等,这些软件的功能强大,但需专门学习。目前质性研究资料的分析整理也有系统化的软件包,常见的软件包有 Hypercard 2.0、HyperResearch、Storyspace、Cvideo 等。选项 B、C、D 是专供儿童脑功能测定的技术。

（三）不同发展阶段幼儿园教师适宜的研究方法

不同发展阶段幼儿园教师适宜的研究方法见表 1-3。

表 1-3　不同发展阶段幼儿园教师适宜的研究方法

发展阶段	适宜的研究方法
入职初期	自然观察、生活观察、田野观察、工作日志记录、轶事记录、谈话法、沟通法、个案研究、单一被试实验、行动研究等
入职中期	客观观察、时间取样记录、事件取样记录、访谈法、深度访谈法、焦点访谈法、简单问卷法、纵向个案研究、跨个案研究、小样本被试研究、准实验性行动研究、协同行动研究等
入职后期	精细化深度观察、全息录像记录、眼动记录、综合访谈法、深度访谈法、团体访谈法、复杂问卷法、长程纵向个案研究、复杂实验研究、追踪实验研究法、协同行动研究等

【真题训练】

(2021.10)单项选择题:适宜幼儿园教师入职后期的研究方法是(　　　)。
A. 事件取样记录　　　B. 生活观察　　　　C. 田野观察　　　　D. 全息录像记录
【答案】D
【解析】幼儿园教师入职后期适宜的研究方法有:精细化深度观察、全息录像记录、眼动记录、综合访谈法、深度访谈法、团体访谈法、复杂问卷法、长程纵向个案研究、复杂实验研究、追踪实验研究法、协同行动研究等。

考点三：研究促进幼儿园教师专业发展

（一）成为研究者是幼儿园教师专业成长的需要

（1）教师专业化的实质是教师即同律师、医生、职业经理等专业化人士具备专业能力一样,应该具备相应的专业能力。

（2）现代教师职业是一种要求从业者具有较高的专业知识、技能和修养的专业。

（3）教师教育是对教师培养和教师培训的统称,是指在终身教育思想指导下,按照教师专业发展的不同阶段,对教师职前培养、职初培训和在职研修做通盘考虑、整体设计。

（二）幼儿园教师应成为反思性实践者

（1）从已有的研究和经验事实看,教师的专业属性特征正在由技术熟练者走向反思性实践者。

（2）反思性实践者的专业成长模式把教师职业视为在复杂情境下从事复杂问题解决的社会实践领域。

（3）单就教师的知识结构而言,教师的反思意义在于它着眼于教师知识结构中的实践性知识的获得、拥有和改善,反对和批判传统教师培养模式中只注重对教师的一般性知识的传授。

（4）反思性实践者模式主张教师的专业能力体现在主体通过参与的复杂情境来选择、判断、反思、审查,并进一步获得实践性智慧。

（三）幼儿园教师应成为行动研究者

（1）行动研究是针对教师在课堂上遇到的实际疑问展开的。

（2）行动研究的结果是一些能改进教学问题的新做法。

（3）行动研究不单是知识的增长,还意味着教师专业水平的提升。

（4）行动研究是一种教学方式,在这种方式下,教学和研究二者是不可分割的。

（5）行动研究是赋权给教师,增强教师的判断能力,从而作出更理想、更有效的教学决策。

（6）在行动研究中最重要的是教师有没有对教学反思,寻找证据去帮助了解现状,从而作出适切的判断,改善教学实践。

四、　同步强化练习

（一）　单项选择题

1. 学前教育研究方法的最高层次为(　　　　)。

A. 具体研究方法　　　　B. 方法论　　　　　　C. 一般研究方法　　　D. 实验方法

2. 将学前教育研究方法划分为经验法和实验法的依据是(　　　　)。

A. 研究有无控制性　　　　　　　　　B. 研究场所的不同

C. 研究所描述的状态　　　　　　　　D. 收集事实材料的途径

3. 学前教育研究的基本方法是(　　　　)。

A. 历史法　　　　　　　B. 观察法　　　　　　C. 调查法　　　　　　D. 实验法

4. 学前教育研究中运用最为广泛的研究方法是(　　　　)。

A. 历史法　　　　　　　B. 观察法　　　　　　C. 调查法　　　　　　D. 实验法

5. 下列选项中不属于学前教育学步入实证分析的科学化阶段重要标志的是(　　　　)。

A. 笛卡尔的教育研究分析法　　　　　B. 普莱尔的系统现象实验法

C. 梅伊曼的学前教育实验法　　　　　D. 比奈的儿童智力测验法

6. 按照布伦芬·布伦纳的理论,人直接参与其间的环境属于(　　　　)。

A. 中间系统　　　　　B. 微观环境　　　　　C. 外部系统　　　　　D. 宏观大系统

7. 教师反思的主要特征不包括(　　　　)。

A. 实践性　　　　　　　B. 针对性　　　　　　C. 时效性　　　　　　D. 自主性

8. 下列有关行动研究的说法中,错误的是(   )。

A. 行动研究是一种研究的思维方式

B. 行动研究是促进教师专业成长的最主要方式

C. 行动研究是一种具体的研究方法

D. 行动研究是一种研究策略

(二) 名词解释题

1. 方法论

2. 应用研究

3. 开发研究

4. 评价研究

5. 行动研究

6. 量化研究

7. 观察法

8. 实验法

(三) 简答题

1. 简述行动研究的特点。

2. 简述学前教育研究具体方法的分类方式。

3. 学前教育研究过程有哪些环节?

4. 简述学前教育研究方法的演进历程。

(四) 应用分析题

许老师是一名幼儿园教师,13 年前进了某市新办的一所幼儿园任教。这所幼儿园容量大,但是教师紧缺,许老师忙于日常繁杂琐碎的保教工作,无暇顾及其他。现在许老师想要评高级职称,但是评高级职称需要提交研究课题、论文。这让她很为难,她认为根本没有时间做研究。

问题:

(1) 学前教育研究有哪些类型?

(2) 分析许老师入职许久而没做研究的原因,并给出建议。

五、 参考答案及解析

(一) 单项选择题

1.【答案】B

【考点】学前教育研究的方法体系

【解析】学前教育研究方法的最高层次为方法论。方法论主要探讨研究的基本前提假设、逻辑、原则、规则、程序等问题,它是指导研究的一般思想方法,马克思主义哲学是统领意义的方法论。

2.【答案】A

【考点】学前教育研究具体方法的分类方式

【解析】学前教育研究方法依据研究有无控制性分为经验法与实验法；依据研究场所的不同，分为实验室研究和自然研究；依据研究所描述的状态分为历史法、描述法和实验法。依据收集事实材料的途径分为历史法（或文献法）、观察法、调查法、实验法。

3.【答案】B

【考点】学前教育研究的具体方法

【解析】观察法是学前教育研究的基本方法，指的是研究者有目的、有计划地对所要研究的对象做周密的观察，同时要求客观、详细地记录，根据对观察结果的分析，找出规律性的东西。

4.【答案】C

【考点】学前教育研究的具体方法

【解析】调查法亦称间接观察法，是学前教育研究中运用最为广泛的一种研究方法。

5.【答案】A

【考点】学前教育研究方法的演进

【解析】随着科学技术的发展，特别是教育学、心理学、生理学等母体学科的成熟，学前教育学步入了实证分析的科学化阶段，其重要的标志是普莱尔的系统现象实验法、梅伊曼的学前教育实验法、比奈的儿童智力测验法等。

6.【答案】B

【考点】现代学前教育研究方法的特点

【解析】美国著名人类学家和心理学家布伦芬·布伦纳在《人类发展生态学》中指出，儿童的生存环境是一个庞大的生态体系，包括微观环境、中间系统、外部系统与宏观大系统，人处于整个生态系统的中心。微观环境是指人直接参与其间的环境。

7.【答案】D

【考点】教师反思的主要特征

【解析】教师反思的主要特征：（1）实践性；（2）针对性；（3）反省性；（4）时效性；（5）过程性。

8.【答案】C

【考点】学前教育行动研究

【解析】行动研究不是一种具体的方法，而是一种研究策略或称研究的思维方式，它是教师学做研究，促进专业成长的最主要方式。

（二）名词解释题

1.**方法论**主要探讨研究的基本前提假设、逻辑、原则、规则、程序等问题，它是指导研究的一般思想方法，马克思主义哲学是统领意义的方法论。

2.**应用研究**是运用基础研究得出的一般原理和原则，针对某个具体的实际问题深入考察某一局部领域的特殊规律，即将一般原理情境化、具体化，然后提出具有较强针对性的应用理论和方法。

3. **开发研究**是根据学前基础研究和应用研究的成果,为学前教育工作者提供能够直接运用的教育产品。

4. **评价研究**是对学前教育机构、课程、教育计划方案等的价值作出评定判断而展开的研究,是为政策分析和决策提供依据的一种重要研究手段。

5. **行动研究**是学前教育研究者深入幼儿园或其他社会托幼机构,以改进实际工作的一种研究方式,通常是幼儿园教师及管理人员针对自己工作中遇到的实际问题而进行的研究。

6. **量化研究**也称定量研究,是指用数字对教育现象加以量的表示。

7. **观察法**是学前教育研究的基本方法,指的是研究者有目的、有计划地对所要研究的对象做周密的观察,同时要求客观、详细地记录,根据对观察结果的分析,找出规律性的东西。

8. **实验法**是根据研究目的,有计划地改变或创造一定的条件,观察、记录、测定与此相伴随的现象的变化,从而进行分析研究,确定条件与现象之间因果关系的方法。

（三）简答题

1. 行动研究的特点如下:

（1）研究主体为幼儿园教师或其他学前教育实践工作者,研究方式适合其工作实际;

（2）研究的问题具有针对性,而且可以即时运用于实践工作的改进;

（3）通过研究可以促进幼儿园教师教育观念的转变和教育技能的提高,增强科学育儿的自觉性。

2. 学前教育研究具体方法的分类方式如下:

（1）依据研究有无控制性,学前教育研究具体方法分为经验法与实验法;

（2）依据研究场所的不同,学前教育研究具体方法分为实验室研究和自然研究;

（3）依据研究所描述的状态,学前教育研究具体方法分为历史法、描述法和实验法;

（4）依据收集事实材料的途径,学前教育研究具体方法分为历史法（或文献法）、观察法、调查法、实验法。

3. 学前教育研究过程由六个环节组成,即:

（1）选择研究问题;

（2）查阅文献;

（3）研究设计;

（4）收集资料;

（5）整理分析资料;

（6）成果表达与评价。

4. 学前教育研究方法的演进经历了三个阶段,即:

（1）直观思辨的经验化阶段;

（2）实证分析的自然科学化阶段;

（3）方法整合的多元化阶段。

（四）应用分析题

（1）依据学前教育研究的目的,学前教育研究可划分为基础研究、应用研究、开发研究、评价研究和行动研究五种类型。

（2）幼儿园工作繁杂琐碎,如果没有研究的眼光,没有专业追求的意识,就很容易被琐事所湮没。对于教师而言,即使工作再忙也要做研究。建议以行动研究的思路开展工作与研究,观察幼儿、与幼儿家长交谈、写教案、记工作日记等都是研究,关键是要有专业意识和研究意识。

第二章
幼儿园教师的研究课题从哪里选择

一、 教材知识思维导图

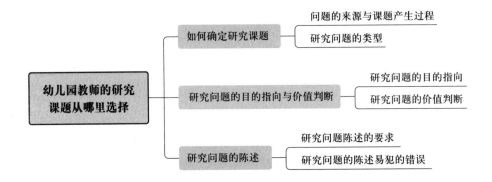

二、 本章重难点知识概要

重点知识:问题的来源与课题产生过程;研究问题的类型。

难点知识:研究课题的目的指向;研究问题的价值判断;研究问题陈述的要求及易犯的错误。

学习建议:研究问题的产生同生活、工作联系密切,建议从多角度理解研究问题目的的多元性和差异性,了解问题陈述的思维方式分析和话语分析。

三、 重难点知识精讲

考点一: 如何确定研究课题

(一) 问题的来源与课题产生过程

1. 问题的来源

从问题普遍性与涉及范围大小考虑,可以通过以下三个层面探讨问题的来源。

（1）关注幼儿园自身的保教问题。

① 幼儿园自身发展中由来已久的困难与缺点；② 幼儿园当前面临的突出问题；③ 幼儿园与教师自身的定位问题；④ 幼儿园与教师已有的成功经验。

（2）关注国内保教问题。

目前，我国学前教育课题研究主要有事业发展、儿童发展、政策研究、幼儿教师专业成长、教育家教育思想研究、课程建构研究（包括园本课程研究、游戏理论与实践研究）等。

幼儿教师还要学会关注我国基础教育改革，从教育信息资料中提炼课题。

（3）关注世界性保教问题。

【真题训练】

（2018.10）简答题：简述探讨学前教育研究问题来源的层面。

【答案】（1）关注幼儿园自身的保教问题。（2）关注国内保教问题。（3）关注世界性保教问题。

2. 研究问题的产生

（1）研究问题产生的一般思维策略

在教育科学研究中常用的思维策略有两种：变换角度思考与怀疑。

变换角度思考的思维形式为发散性思维与横向思维。

（2）研究问题产生的过程

研究问题的产生一般可以通过归纳与演绎两条路线来完成。

通常研究问题产生程序有以下几个步骤：

① 初步确定研究问题的大致范围；

② 研究问题具体化（课题聚焦）；

③ 依据研究问题的特征决定研究应该采用的基本方法；

④ 写研究问题的论证报告。

【真题训练】

（2020.10）单项选择题：研究问题的具体化也称为（　　　）。

A. 课题过滤　　　　　B. 课题陈述　　　　　C. 课题评价　　　　　D. 课题聚焦

【答案】D

【解析】研究问题的具体化也称为课题聚焦。它的主要任务是将已经确定的研究问题的范围缩小，并对研究问题进行分解，逐步使问题变得具体、清晰、明确、具有可操作性。

（二）研究问题的类型

1. 理论性研究问题与应用性研究问题

（1）理论性研究问题的概念和层次。

理论性研究问题也称基础性研究问题，旨在探索学前教育现象的本质和学前教育过程的基本规律,丰富学前教育基础理论,拓展研究领域的研究问题,不强调研究结果的直接应用。

理论性研究问题的三个层次:

① 那些对构成学前教育理论体系具有全局性影响的核心概念、基本范畴和基本原理等进行的突破性研究的问题;② 对学前教育的某一方面的概念、原理、原则或某个具体的领域进行探索的理论性研究问题;③ 对学前教育中个别概念、原理做出修正或更详细说明的研究问题。

(2)应用性研究问题的概念和层次。

应用性研究问题是指以改进学前教育实践活动为目的,在理论的指导下,探究各种具体的学前教育活动的途径和方法的研究问题。

应用性研究问题的三个层次:

① 全局的学前教育的实际问题;

② 涉及学前教育在某一方面、某一地区、某一部门的实际问题;

③ 涉及学前教育工作中个别的实际问题。

【真题训练】

(2020.10)名词解释题:应用性研究问题。

【答案】应用性研究问题是指以改进学前教育实践活动为目的,在理论的指导下,探究各种具体的学前教育活动的途径和方法的研究问题。

2. 描述性研究问题、因果性研究问题与预测性研究问题

这三类研究问题的划分依据的是研究活动对问题探讨的深度。

(1)描述性研究问题是指对学前教育的某种现象进行具体描述和分析的研究问题。

(2)因果性研究问题是探索和揭示学前教育中几种现象之间的因果关系的研究问题。

(3)预测性研究问题是指在了解一些学前教育现象及其因果关系的基础上探索其未来的发展趋势或发展状况的研究问题。

【真题训练】

(2020.10)单项选择题:研究关心的是"为什么"的问题,指的是(　　)。

A. 描述性研究问题　　　　　　B. 预测性研究问题

C. 理论性研究问题　　　　　　D. 因果性研究问题

【答案】D

【解析】因果性研究问题是探索和揭示学前教育中几种现象之间的因果关系的研究问题。这类研究关心的是"为什么"的问题,其研究层次较高,难度也比描述性研究要大。

考点二：研究问题的目的指向与价值判断

（一）研究问题的目的指向

1. 理论目的与实践目的

研究问题的理论目的是指研究的目的在于理论的拓展。研究问题的实践目的体现在对现实问题的解决上。二者是相辅相成的关系。

2. 个人目的与社会目的

研究问题的个人目的一般是指通过研究可以提高学前教育与研究工作者的研究意识与从事科研的能力。

研究问题的社会目的要求对问题研究奉行立足于社会、服务于社会的宗旨。

研究问题的社会目的与个人目的之间有一种互相依存的关系，其中社会目的是核心，个人目的为问题的研究提供动机。

（二）研究问题的价值判断

好的研究问题的基本特征包括：（1）研究问题是可行的、可通达的；（2）研究问题是清楚的、明晰的；（3）研究问题是有意义、有价值的；（4）研究问题是符合伦理、道德的；（5）研究问题有新颖性、创新性。

【真题训练】

（2018.10）单项选择题：好的研究问题的特征有（　　　　）。

A. 挑战性　　　　　　B. 社会性　　　　　　C. 可行性　　　　　　D. 个别性

【答案】C

【解析】一般而言，好的研究问题具有以下几个基本的特征：（1）研究问题是可行的、可通达的（即研究问题的可行性）；（2）研究问题是清楚的、明晰的；（3）研究问题是有意义、有价值的；（4）研究问题是符合伦理、道德的；（5）研究问题有新颖性、创新性。

考点三：研究问题的陈述

（一）研究问题陈述的要求

（1）陈述要简洁明了，并确定研究活动的关键内容。

（2）要对名词术语进行界定并对研究范围做限定。

（3）采用叙述或描述，以及问题的形式。

（二）研究问题的陈述易犯的错误

（1）研究问题的陈述含糊笼统，不能对重要的名词与术语进行界定。

（2）没有对研究范围做出限定,有可能导致研究结果适用范围无限扩大。

四、 同步强化练习

（一） 单项选择题

1. 研究问题产生的路线一般包括演绎和(   )。

A. 预测   B. 回溯   C. 类比   D. 归纳

2. 下列选项中属于应用性研究问题的是(   )。

A. 幼儿主题发展研究   B. 生活中幼儿园数学教育的研究

C. 民办幼儿园的管理体制研究   D. 幼儿自主性区域活动特征研究

3. 在学前教育科学研究当中,处于核心地位的目的是(   )。

A. 理论目的   B. 实践目的   C. 个人目的   D. 社会目的

4. 下列选项中不属于操作性定义的方法的是(   )。

A. 字典途径法   B. 条件描述法   C. 指标描述法   D. 行为描述法

5. 研究问题不能造成对研究对象甚至整个人类在心理或者生理上的伤害,也不会损伤人类所生存的自然环境与社会环境,这是指研究问题是(   )。

A. 可行的、可通达的   B. 清楚的、明晰的

C. 有意义、有价值的   D. 符合伦理、道德的

6. 下列研究问题中不属于创新范畴的是(   )。

A. 将其他领域的先进研究成果引进到教育研究领域

B. 国外研究课题的研究

C. 必要地重复他人的研究

D. 对以前的研究进行充实完善

7. 下列选项中关于研究问题陈述的要求的说法,不正确的是(   )。

A. 应该尽量避免使用含义不清、语义不明的语词

B. 名词与术语的界定通常要使用操作性定义

C. 必须采用问题的形式进行陈述

D. 研究范围的表述主要在于明确研究的角度

（二） 名词解释题

1. 理论性研究问题

2. 描述性研究问题

3. 因果性研究问题

4. 预测性研究问题

5. 概念性定义

6. 操作性定义

（三）简答题

1. 简述研究问题产生程序的步骤。

2. 简述好的研究问题的基本特征。

（四）应用分析题

对研究问题进行合理的陈述是教育科学研究的一项重要工作程序。例如,某研究者对其研究问题进行了如下陈述:幼儿对幼儿园教师的喜爱。试对该研究者的问题陈述进行点评和修改,并阐述关于研究问题陈述的若干要求。

五、参考答案及解析

（一）单项选择题

1.【答案】D

【考点】研究问题的产生

【解析】研究问题的产生一般可以通过归纳与演绎两条路线来完成。归纳是以实践为着眼点,而演绎则以理论为着眼点。

2.【答案】C

【考点】研究问题的类型

【解析】应用性研究问题的第二层次是指涉及学前教育在某一方面、某一地区、某一部门的实际问题,如民办幼儿园的管理体制研究、浙江省民间游戏的整理与运用研究等。选项A、B、D属于理论性研究问题。

3.【答案】D

【考点】研究问题的目的指向

【解析】在学前教育科学研究当中,研究问题的社会目的与个人目的之间有一种互相依存的关系,其中社会目的是核心,个人目的为问题的研究提供动机。

4.【答案】A

【考点】研究问题的价值判断

【解析】操作性定义的方法一般有三种:(1)条件描述法;(2)指标描述法;(3)行为描述法。

5.【答案】D

【考点】研究问题的价值判断

【解析】研究问题要符合伦理、道德的要求是指该研究问题不会造成对研究对象甚至整个人类在心理或者生理上的伤害,也不会损伤人类所生存的自然环境与社会环境。

6.【答案】B

【考点】研究问题的价值判断

【解析】一般而言,研究问题的创新有以下几种情况:以前未曾研究过的问题;以前虽有研究,但需要充实完善,或提出新的依据和认识;国外研究课题的中国化研究;将其他领域的先进研究成果引进到教育研究领域。在具体的学前教育科学研究中,必要地重复与拓展他人的研究也应该纳入创新的范畴当中。

7.【答案】C

【考点】研究问题陈述的要求

【解析】在实际的教育研究工作中,大多数的研究者偏向于采用问题的形式进行陈述,其实叙述或描述形式也是可行的。

（二）名词解释题

1. **理论性研究问题**有时也称基础性研究问题,主要是指旨在探索学前教育现象的本质和学前教育过程的基本规律、丰富学前教育基础理论、拓展研究领域的研究问题,不强调研究结果的直接应用。

2. **描述性研究问题**是指对学前教育的某种现象进行具体描述和分析的研究问题。

3. **因果性研究问题**是探索和揭示学前教育中几种现象之间的因果关系的研究问题。

4. **预测性研究问题**是指在了解一些学前教育现象及其因果关系的基础上探索其未来的发展趋势或发展状况的研究问题。

5. **概念性定义**常被称为的字典途径定义,即从抽象的文字意义上对变量的共同本质进行概括。

6. **操作性定义**是指从具体的行为、特征、指标上对变量的操作进行描述,是将概念和事实联系起来的桥梁。

（三）简答题

1. 研究问题产生程序有以下几个步骤:

（1）初步确定研究问题的大致范围;

（2）研究问题具体化(或课题聚焦);

（3）依据研究问题的特征决定研究应该采用的基本方法;

（4）写研究问题的论证报告。

2. 好的研究问题的基本特征是:

（1）研究问题是可行的、可通达的;

（2）研究问题是清楚的、明晰的;

（3）研究问题是有意义、有价值的;

（4）研究问题是符合伦理、道德的;

（5）研究问题有新颖性、创新性。

（四）应用分析题

（1）点评:"幼儿对幼儿园教师的喜爱"的问题陈述过于宽泛,比较模糊和笼统,没有明确该研究计划的方向。可修改为问题形式的陈述,把研究对象限定在"大班幼儿",对幼儿园教师的喜爱限定在"喜爱幼儿园教师的程度",这样更为具体和明确,如"在某幼儿园,教师表扬方式方法对大班幼儿喜爱幼儿园教师的程度有什么影响"。

（2）研究问题陈述的要求:① 陈述要简洁明了,并确定研究活动的关键内容;② 要对名词术语进行界定并对研究范围做限定;③ 叙述或描述问题的形式。

第三章
如何进行文献信息收集

一、 教材知识思维导图

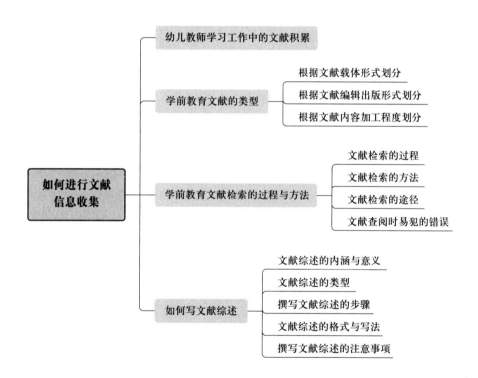

幼儿教师学习工作中的文献积累

学前教育文献的类型
- 根据文献载体形式划分
- 根据文献编辑出版形式划分
- 根据文献内容加工程度划分

如何进行文献信息收集

学前教育文献检索的过程与方法
- 文献检索的过程
- 文献检索的方法
- 文献检索的途径
- 文献查阅时易犯的错误

如何写文献综述
- 文献综述的内涵与意义
- 文献综述的类型
- 撰写文献综述的步骤
- 文献综述的格式与写法
- 撰写文献综述的注意事项

二、 本章重难点知识概要

重点知识:文献检索的过程;文献检索的方法;文献查阅时易犯错误;文献综述的注意事项。

难点知识:文献综述的步骤;文献综述的格式与写法。

学习建议:建议根据教材中介绍的文献信息收集方法,选择课题进行文献检索与综述,在操作中掌握基本理论。

三、 重难点知识精讲

考点一：幼儿教师学习工作中的文献积累

幼儿教师学习工作中的文献积累主要是通过阅读的积累，并进行整理，进而开始专业写作。阅读中的写作，写作中的阅读，它们有紧密的关联，不可分割。

考点二：学前教育文献的类型

学前教育文献的类型见表3-1。

表 3-1　学前教育文献的类型

划分标准	类型	内容
文献载体形式	印刷型文献、非印刷型文献	印刷型文献以纸为媒介，通过铅印、油印、胶印等方式记录、保存信息，主要有书籍、报纸、期刊、档案资料等； 非印刷型文献可以细分为机读文献、缩微文献、声像文献
文献编辑出版形式	书籍、期刊和报纸、教育档案类、电子文献	书籍是各种形式的文献中数量最大、种类最多的一个门类，主要包括教科书、专著、资料性工具书等； 期刊和报纸出版周期短，更新速度快，能及时反映研究活动的新动向，是科学研究者重要的参考文献； 教育档案类资料主要包括教育年鉴、学术会议文献、学位论文以及有关教育机构的档案资料等； 电子文献是以数字形式存储在光盘、磁盘上，需借助于计算机阅读的各种文献资料
文献内容加工程度	一次文献、二次文献和三次文献	一次文献，主要包括专著、科学论文、研究报告等； 二次文献，主要包括书目、题录、索引、提要、文摘等； 三次文献，主要包括动态综述、进展报告、专题评述、辞典、年鉴、手册等

【真题训练】

1. (2019.10)单项选择题：下列文献载体形式中，信息最主要的载体是（　　）。
A. 印刷型文献　　　　　B. 机读文献　　　　　C. 微缩文献　　　　　D. 声像文献
【答案】A
【解析】印刷型文献以纸为媒介，通过铅印、油印、胶印等方式记录、保存信息，主要有书籍、报纸、期刊、档案资料等。这类文献数量巨大，是信息最主要的载体。

2. (2020.10)单项选择题：资料性工具书主要包括（　　）。
A. 辞典、期刊　　　　　　　　　　　　　　B. 期刊、报纸

C. 辞典、百科全书　　　　　　　　　　　D. 百科全书、参考文献

【答案】C

【解析】资料性工具书主要包括辞书(辞典)和百科全书两种。辞书中既有通用的辞书，如《辞海》《辞源》等，又有专业性辞书，如《幼儿教育百科辞典》;百科全书是对人类一切门类或某一门类知识进行完备概述的书籍，如《中国大百科全书》《教育国际大百科全书》《学前教育百科全书》等。

3. (2019.10)单项选择题:下列文献编辑出版形式中,便于检索、容易保存的是(　　)。

A. 书籍　　　　　　B. 期刊和报纸　　　　C. 教育档案类　　　　D. 电子文献

【答案】D

【解析】电子文献是以数字形式存储在光盘、磁盘上,需借助于计算机阅读的各种文献资料。相比其他种类的文献,电子文献具有便于检索、容易保存等特点。

4. (2020.10)单项选择题:下列属于三次文献的是(　　)。

A. 专著　　　　　　B. 年鉴　　　　　　C. 文摘　　　　　　D. 书目

【答案】B

【解析】三次文献指对前两类文献分析、概括后撰写的参考性文献,是文献研究的成果,主要包括动态综述、进展报告、专题评述、辞典、年鉴、手册等。

考点三:学前教育文献检索的过程与方法

(一) 文献检索的过程

(1)明确课题研究的方向与要求,确定所需文献的主题范围、载体类型、时间跨度及地域等。

(2)确定检索工具的检索标志。

(3)确定检索的途径与方法,根据文献的既定标识,即文献的外表特征或内容特征进行查找。

(4)根据检索线索,找到文献的馆藏,索取所需文献。

经过以上4步,文献检索的过程基本完成。但是,一次完整的文献检索过程还应对所检索到的文献进行加工处理,涉及对文献的分类整理、筛选鉴定。对于重要的文献做好摘要、笔记,有些重要的研究课题还要求写出文献综述或评论。

【真题训练】

(2018.4)单项选择题:文献检索过程中,研究者首先要确定的是(　　)。

A. 所需文献的主题范围　　　　　　　　　B. 检索途径与方法

C. 检索标志　　　　　　　　　　　　　　D. 索取所需文献

【答案】A

【解析】文献检索过程中,研究者首先要明确课题研究的方向与要求,确定所需文献的主

题范围、载体类型、时间跨度及地域等。

（二）文献检索的方法

1. 一般检索法

一般检索法指利用索引、文摘、题录等各种检索工具查找所需文献的方法,可分为顺查法和逆查法两种,具体内容见表3-2。

表 3-2　顺查法和逆查法

方法	内容	优缺点	适用范围
顺查法	在一定的时间范围内,以所检索的课题研究的发生时间为检索始点,按事件发生、发展的时间顺序,由远及近、由旧到新地进行检索的方法	可随时进行筛选、比较,查阅结果一般能够比较全面地反映某个研究的全貌	常用于范围较广、项目复杂、所需文献较系统全面的研究课题以及学术文献的普查
逆查法	根据由近及远的时间逆序进行检索的方法	可节省检索时间,能查到最新且有价值的文献,但查全率较低,不太关注资料的历史渊源和全面系统性	一般适用于检索最新课题

【真题训练】

(2018.4)单项选择题:下列检索方法中,一般适用于检索最新课题的是(　　　)。

A. 逆查法　　　　　　B. 顺查法　　　　　　C. 跟踪法　　　　　　D. 计算机检索法

【答案】A

【解析】逆查法又称倒查法,是根据由近及远的时间逆序进行检索的方法。这种检索方法一般适用于检索最新课题。

2. 跟踪法

跟踪法又称引文查找法,是以已掌握的参考文献或参考书目,以及期刊上发表论文所引用的参考文献为线索,跟踪查阅有关主题的文献。

【真题训练】

(2020.10)单项选择题:在各种文献检索法中,引文查找法又称为(　　　)。

A. 顺查法　　　　　　B. 网络法　　　　　　C. 倒查法　　　　　　D. 跟踪法

【答案】D

【解析】跟踪法又称引文查找法,是以已掌握的参考文献或参考书目,以及期刊上发表论文所引用的参考文献为线索,跟踪查阅有关主题的文献。

3. 计算机检索法

学前教育研究者经常使用的中文数据库主要包括:中国学术期刊镜像、中国优秀博硕论文库、万方数据资源系统、天宇全文检索系统、新华社多媒体数据库等。

常用的外文数据库主要包括：ERIC 数据库、中国高校人文社会科学文献中心、EBSCO 电子期刊数据库、WSN 全文期刊数据库、IOP 北大镜像等。

计算机检索的基本步骤：（1）尽可能准确地定义研究问题；（2）确定检索的范围；（3）确定数据库；（4）选择检索词；（5）进行检索；（6）输出想要的文献。

【真题训练】

（2018.10）简答题：简述文献检索的常见方法。

【答案】（1）一般检索法：利用索引、文摘、题录等各种检索工具查找所需文献的方法，可分为顺查法和逆查法两种。

（2）跟踪法：又称引文查找法，是以已掌握的参考文献或参考书目，以及期刊上发表论文所引用的参考文献为线索，跟踪查阅有关主题的文献。

（3）计算机检索法：网络计算机的终端与一个或多个计算机检索系统相连，该系统就能从多个数据库中查找信息。

（三）文献检索的途径

文献检索的途径包括：（1）网络检索，有关键词查找和分类目录链接两种途径。（2）馆际互借。（3）摘要与索引。

（四）文献查阅时易犯的错误

（1）没有利用充分的时间来界定最好的主字码，没有确认在查阅与主题相关的文献中使用的最佳资料。

（2）没有把文献查阅的结果与研究者自身的研究问题有效地联系起来。

（3）查阅文献时，过多依赖二手资料而不是原始资料。

（4）没有说明文献查阅的过程。

（5）毫无批判地接受某研究者的结果和解释并将其当作有用的资料，没有检查该研究设计与分析的所有方面。

（6）在综合定性文献时，未考虑相反的结果与诠释。

考点四：如何写文献综述

（一）文献综述的内涵与意义

1. 文献综述的内涵

文献综述是作者对某一方面问题的历史背景、研究成果、争论焦点、研究现状和发展前景等内容进行评论的科学性论文。

2. 文献综述的意义

（1）通过搜集文献资料的过程，可进一步熟悉教育类文献的查找方法和资料的积累方法。

（2）查找资料的过程中，扩大了研究者的知识面。

（3）学习文献综述的撰写是为今后学前教育科研活动打基础的过程。

（4）通过文献综述的撰写，能提高研究者的归纳、分析、综合能力，有利于独立工作能力和科研能力的提高。

（5）文献综述选题范围广，题目的难易程度可根据自己的能力和兴趣自由选题。

（二）文献综述的类型

文献综述的类型见表3-3。

表 3-3   文献综述的类型

类型	内容
目录性综述	按某一专题或某种共同特征，将一定时段内出现的内容相似的原始文献题目加以综合描述，既不反映原始文献的质量，也不涉及作者的观点，只是根据事实提供信息
文摘性综述	对文献研究的问题进行综合性描述，反映的内容比目录性综述要具体，但对信息不加以分析、评论，只是将收集的文献论述的问题予以归类，并简单描述
分析性综述	要求将原始文献中涉及的内容加以归类、浓缩、综合、分析，附有综述撰写者的见解和评论，有的甚至提出新的结论

【真题训练】

（2021.10）单项选择题：文献综述的类型一般分为三种，其中不包括（   ）。

A. 描述性综述   B. 分析性综述   C. 目录性综述   D. 文摘性综述

【答案】A

【解析】文献综述一般分为目录性综述、文摘性综述、分析性综述。

（三）撰写文献综述的步骤

文献综述的撰写一般包含选题、搜集文献、阅读文献、撰写文献综述四个阶段。

1. 选题

文献综述的选题范围比较广泛，题目可大可小，可根据研究者的需要而定。选题确定好之后，就要确定文献综述的题目或名称。

2. 搜集文献

搜集文献最常用的方法是检索法。研究者搜集的文献数量一般要多于最终撰写的文献综述中所引用的参考文献的数量。

3. 阅读文献

在阅读文献时，要写好阅读笔记、阅读心得和做好文献摘录卡片。

4. 撰写文献综述

根据综述撰写目的,将收集的文献资料通过归纳、整理、分析,拟定提纲确定分哪几个方面论述。

【真题训练】

(2021.10)单项选择题:在文献综述的步骤中,第二阶段为(　　)。

A. 选题　　　　　　　　B. 阅读文献　　　　　　C. 搜集文献　　　　　　D. 撰写文献综述

【答案】C

【解析】文献综述的撰写一般包含选题、搜集文献、阅读文献、撰写文献综述四个阶段。

(四) 文献综述的格式与写法

文献综述一般包含前言、主题、总结和参考文献四部分。

1. 前言

前言部分主要是说明写作的目的,介绍有关的概念以及综述的范围,简明扼要地说明有关主题的现状或争论焦点,使读者对全文要叙述的问题有一个初步轮廓。

【真题训练】

(2019.10)单项选择题:文献综述中,主要说明写作目的部分的是(　　)。

A. 前言　　　　　　　　B. 主题　　　　　　　　C. 总结　　　　　　　　D. 参考文献

【答案】A

【解析】前言部分主要是说明写作的目的,介绍有关的概念以及综述的范围,简明扼要地说明有关主题的现状或争论焦点,使读者对全文要叙述的问题有一个初步轮廓。

2. 主题

主题部分是文献综述的主体,要将所搜集到的文献资料归纳、整理及分析比较,阐明有关主题的历史背景、现状和发展方向,以及对这些问题的评述。

【真题训练】

(2018.4)单项选择题:文献综述的主体为(　　)。

A. 总结部分　　　　　　B. 前言部分　　　　　　C. 参考文献部分　　　　D. 主题部分

【答案】D

【解析】主题部分是文献综述的主体,其写法多样,没有固定的格式。

3. 总结

总结部分是将全文主题进行扼要总结,研究者最好能对所综述的主题提出自己的见解。

4. 参考文献

参考文献的编排应条目清楚,内容准确无误。

（五）撰写文献综述时的注意事项

（1）搜集文献应尽量全面。

（2）注意引用文献的代表性、可靠性和科学性。

（3）引用文献要忠实文献内容。

（4）参考文献不能省略。

四、 同步强化练习

（一） 单项选择题

1. 幼儿教师学习工作中文献积累的主要方式是（   ）。

A. 教学　　　　　　　B. 阅读　　　　　　　C. 培训　　　　　　　D. 研究

2. 将学前教育文献划分为印刷型文献与非印刷型文献的依据是（   ）。

A. 文献载体形式　　　　　　　　　　　B. 文献编辑出版形式

C. 文献检索方式　　　　　　　　　　　D. 文献内容加工程度

3. 下列选项中不属于非印刷型文献的是（   ）。

A. 档案资料　　　　　B. 机读文献　　　　　C. 缩微文献　　　　　D. 声像文献

4. 下列选项中不属于三次文献的是（   ）。

A. 年鉴　　　　　　　B. 动态综述　　　　　C. 文摘　　　　　　　D. 专题评述

5. 下列选项中属于学前教育研究者经常使用的中文数据库是（   ）。

A. IOP 北大镜像　　　　　　　　　　　B. 万方数据资源系统

C. WSN 全文期刊数据库　　　　　　　　D. 中国高校人文社会科学文献中心

6. 在网上查找资料的途径一般包括关键词查找和（   ）。

A. 馆际互借　　　　　B. 摘要查找　　　　　C. 分类目录链接　　　D. 索引查找

7. 反映当前某一领域中某分支学科或重要专题的最新进展、学术见解和建议的科学性论文是（   ）。

A. 文献综述　　　　　B. 进展报告　　　　　C. 专题评述　　　　　D. 年鉴

8. 文献综述的格式不包含（   ）。

A. 导语　　　　　　　B. 主题　　　　　　　C. 总结　　　　　　　D. 参考文献

（二） 名词解释题

1. 一次文献

2. 逆查法

3. 文献综述

4. 分析性综述

（三） 简答题

1. 简述学前教育文献的类型。

2. 简述文献检索的途径。

3. 简述撰写文献综述的意义。

4. 简述撰写文献综述的注意事项。

（四）论述题

试述撰写文献综述的步骤。

（五）应用分析题

李老师是某市幼儿园的一名老教师,最近某教育期刊向她约稿,她准备写一篇关于"幼儿规则意识养成研究"的论文,在确定研究课题后,需要寻找研究所需要的相关文献资料。

问题:

（1）文献检索方法都有哪些?李老师应该采用哪种文献检索方法?

（2）这种文献检索方法的基本步骤是什么?

五、参考答案及解析

（一）单项选择题

1.【答案】B

【考点】幼儿教师学习工作中的文献积累

【解析】幼儿教师学习工作中的文献积累主要是通过阅读的积累,并进行整理,进而开始专业写作。

2.【答案】A

【考点】学前教育文献的类型

【解析】根据文献载体形式,学前教育文献一般可分为印刷型与非印刷型两类。

3.【答案】A

【考点】学前教育文献的类型

【解析】非印刷型文献是以其他介质记录保存信息,又可以细分为机读文献、缩微文献、声像文献三小类。

4.【答案】C

【考点】学前教育文献的类型

【解析】三次文献主要包括动态综述、进展报告、专题评述、辞典、年鉴、手册等。文摘属于二次文献。

5.【答案】B

【考点】文献检索的方法

【解析】学前教育研究者经常使用的中文数据库主要包括:中国学术期刊镜像、中国优秀博硕论文库、万方数据资源系统、天宇全文检索系统、新华社多媒体数据库等。选项 A、C、D 属于常用的外文数据库。

6.【答案】C

【考点】文献检索的途径

【解析】在网上查找资料的途径一般有两种:一是关键词查找,即在搜索框中输入关键词进行快速查阅;二是分类目录链接,分类目录链接是按树形结构组织,从点击主页的根目录链开始,一级一级深入,一直达到所需网站。

7.【答案】A

【考点】文献综述的内涵

【解析】文献综述反映当前某一领域中某分支学科或重要专题的最新进展、学术见解和建议,往往能反映出有关问题的新动态、新趋势、新水平、新原理和新技术等。

8.【答案】A

【考点】文献综述的格式与写法

【解析】文献综述的格式相对多样,但总体看,一般包含前言、主题、总结和参考文献四部分。

（二） 名词解释题

1. **一次文献**指未经加工的原始文献,是直接反映事件经过、研究成果,产生新知识、新技术的文献,主要包括专著、科学论文、研究报告等。

2. **逆查法**又称倒查法,是根据由近及远的时间逆序进行检索的方法。

3. **文献综述**是作者对某一方面问题的历史背景、研究成果、争论焦点、研究现状和发展前景等内容进行评论的科学性论文。

4. **分析性综述**是将原始文献中涉及的内容加以归类、浓缩、综合、分析,附有综述撰写者的见解和评论,有的甚至提出新结论的综述。

（三） 简答题

1. 学前教育文献的类型有:

（1） 根据文献的载体形式,学前教育文献一般分为印刷型与非印刷型两类;

（2） 根据文献编辑出版形式的不同,学前教育文献可以划分为书籍、期刊和报纸、教育档案类、电子文献 4 类;

（3） 根据对文献内容加工程度的不同,学前教育文献可分为一次文献、二次文献和三次文献三个等级。

2. 文献检索的途径有:（1） 网络检索;（2） 馆际互借;（3） 摘要与索引。

3. 撰写文献综述的意义有:

（1） 通过搜集文献资料的过程,可进一步熟悉教育类文献的查找方法和资料的积累方法;

（2） 查找资料的过程,扩大了研究者的知识面;

（3） 学习文献综述的撰写是为今后学前教育科研活动打基础的过程;

（4） 通过文献综述的撰写,能提高研究者的归纳、分析、综合能力,有利于独立工作能力和科研能力的提高;

（5） 文献综述选题范围广,题目的难易程度可根据自己的能力和兴趣自由选题。

4. 撰写文献综述的注意事项如下：

（1）搜集文献应尽量全面；

（2）注意引用文献的代表性、可靠性和科学性；

（3）引用文献要忠实文献内容；

（4）参考文献不能省略。

（四）论述题

文献综述的撰写一般包含选题、搜集文献、阅读文献、撰写文献综述四个阶段。

（1）选题。文献综述的选题范围比较广泛，题目可大可小，可根据研究者的需要而定。初次撰写文献综述者所选题目宜小些，这样查阅文献的数量相对较少，撰写时易于归纳整理。选题确定好之后，就要确定文献综述的题目或名称。需要注意的是，文献综述的题目一般要比研究者的具体研究题目大。

（2）搜集文献。搜集文献要求越全面越好，因而最常用的方法是用检索法。一般新课题的综述，所引用的文献最好是近 5 年内的；用于发表的文献综述，参考文献要在 6~7 篇以上。研究者搜集的文献数量一般要多于最终撰写的文献综述中所引用的参考文献的数量。

（3）阅读文献。在阅读文献时，要写好阅读笔记、阅读心得和做好文献摘录卡片。用自己的语言写下阅读时得到的启示、体会和想法，将文献的精髓摘录下来，不仅为撰写综述时提供有用的资料，而且对于训练自己的表达能力、阅读水平都有好处，特别是将文献整理成文献摘录卡片，对撰写文献综述极为有利。

（4）撰写文献综述。在充分研读收集的文献资料的基础上，根据综述撰写目的，将收集的文献资料通过归纳、整理、分析，拟定提纲确定分哪几个方面论述。需要注意的是，文献综述提纲的确定是根据所查相关文献的研究内容或主题进行归纳的过程与结果。论述的每个方面越明确越好，应尽可能地包含最新的研究信息，这对保证综述的质量很有益处。

（五）应用分析题

（1）文献检索方法有一般检索法、跟踪法和计算机检索法。李老师应该采用计算机检索法进行文献检索，与手工检索相比，计算机检索法具有速度快、免费（即使不免费也比较便宜）、可打印出检索结果（包括资料的摘要）、可同时检索多个检索词等优点。

（2）计算机检索的基本步骤包括：① 尽可能准确地定义研究问题；② 确定检索的范围；③ 确定数据库；④ 选择检索词；⑤ 进行检索；⑥ 输出想要的文献。

第四章
如何设计研究方案

一、 教材知识思维导图

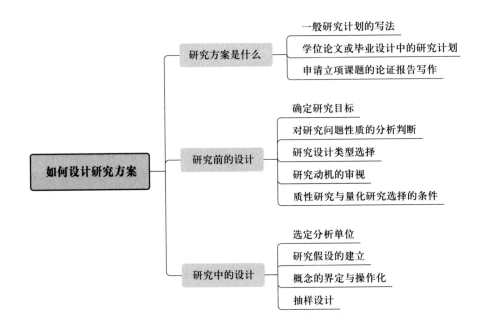

二、 本章重难点知识概要

重点知识:研究设计的概念;研究设计的类型;选择研究问题的动机;质性研究选择的条件;量化研究选择的条件;研究设计的基本过程;提出研究假设的具体方法;概念的界定与操作化。

难点知识:撰写研究计划。

学习建议:本章介绍了研究设计中的基本问题,知识体系的展开有一定的逻辑性,建议理清关系,系统掌握。

三、 重难点知识精讲

考点一：研究计划

（一）研究计划的概念和好处

研究计划是表达研究者的研究意图,说明研究的目的意义、研究的方法步骤等方面的书面陈述。

提交一份完整的研究计划的好处:

（1）研究者以书面的形式向他人阐明自己的研究意图,便于他人判断研究意图的有效性和可行性。

（2）它促使研究者以书面的形式陈述自己的全部思想,并反思自己的研究历程,以便加以改进。

（3）它可以作为自己研究的行动指南,避免研究者依靠个人记忆而忘记研究中的某些程序细节。

（4）一份好的研究计划还可以帮助研究者以最佳的陈述方式撰写研究报告或研究论文。

（二）一般研究计划的写法

一份研究计划一般由以下几部分组成:(1)导论;(2)文献综述;(3)研究设计与方法;(4)资料分析;(5)预期结果;(6)研究进程与时间安排;(7)研究条件与物质保障;(8)经费预算。

（三）学位论文或毕业设计中的研究计划

学位论文或毕业设计中的论证报告常以开题报告的形式体现。开题报告的主要内容包括选题意义、文献综述、研究的内容及可行性分析、论文拟解决的关键问题及难点、论文框架、资料收集方法、论文撰写的进度安排以及参考文献。

【真题训练】

(2018.4)单项选择题:呈现学位论文中论证报告的形式经常为(　　)。

A. 文献综述　　　　　　B. 研究计划　　　　　　C. 研究意义　　　　　　D. 开题报告

【答案】D

【解析】学位论文或毕业设计中的论证报告常以开题报告的形式体现。

（四）申请立项课题的论证报告写作

申请立项课题的论证报告内容主要包括问题的提出即研究意义、课题研究定位、课题研究目标与主要内容、课题完成条件与课题研究步骤以及人员分工等。课题研究定位包括课题的核心概念及界定、国内外研究现状以及研究定位。

（五）学位论文论证报告（开题报告）与申请立项课题论证报告的差异

（1）报告选题类型不同。

（2）报告研究类型不同。

（3）报告完成主体不同。

考点二：研究前的设计

（一）确定研究目标

1. 探索性研究

当研究者接触一个新课题或这个课题前人未曾涉足的内容时，这样的研究往往是探索性研究。

探索性研究的主要目的：（1）为了满足研究者了解某事物的好奇心或欲望；（2）探讨周密研究某一问题的可能性；（3）探索更为周密的研究方法。

2. 描述性研究

描述性研究的主要目的是对某一事物或事件进行描述，它通常要对该事物发生的时空特征、事物间的内在联系进行全方位的描述，观察、调查成为描述性研究的主要手段。

描述性研究的主要方法：

（1）简单列举法，即观察、测量、计算事件或特性出现的次数或频率，也可以用访谈或列出问题清单的方式。

（2）自然观察法，是对在自然的或正常状态下所发生的行为进行观察和测量。观察可采用连续观察和间断观察两种形式。

（3）个案研究法，是在相当长时期内追踪单个被试的发展的研究。

【真题训练】

（2018.10）单项选择题：下列属于描述性研究方法的是（　　）。

A. 问卷调查法　　　　B. 访谈法　　　　C. 实验研究法　　　　D. 简单列举法

【答案】D

【解析】描述性研究的方法主要有简单列举法、自然观察法、个案研究法。

3. 解释性研究

解释性研究就是对事物或事件发生的前因后果进行分析探讨，其主要目的是确定事物之间的关系，特别是因果关系。解释性研究的主要方法是实验和测量。

【真题训练】

（2020.10）单项选择题：解释性研究的主要方法是（　　）。

A. 观察、分析　　　　　　B. 实验、观察　　　　　C. 实验、测量　　　　D. 测量、分析

【答案】C

【解析】解释性研究就是对事物或事件发生的前因后果进行分析探讨,其主要目的是确定事物之间的关系,特别是因果关系。解释性研究的主要方法是实验和测量。

（二）对研究问题性质的分析判断

学前教育研究问题的性质分类

研究问题的选择首先是要分析研究问题的性质,学前教育研究问题的性质可分为三类。

（1）状态特征分析判断,主要研究不同分析单位的各种存在状态。

（2）内部心理变量分析判断,主要研究态度、信仰、个性特征、偏见、素质等。

（3）特征性行为分析判断,主要包括教学行为、学习行为、工作行为、教育选择行为、不良行为。在学前教育情境中的特征性行为常见的有:师幼互动行为、亲子交往行为、课堂教学行为、儿童游戏行为、同伴欺负行为、幼儿团体互动行为、室外活动行为、入园适应行为、依恋行为、卫生行为、饮食行为等。

【真题训练】

（2020.10）单项选择题:研究问题的选择首先是要分析研究问题的（　　　）。

A. 方向　　　　　　B. 性质　　　　　　C. 目的　　　　　　D. 来源

【答案】B

【解析】研究问题的选择首先是要分析研究问题的性质,学前教育研究问题的性质可分为状态特征分析判断、内部心理变量分析判断和特征性行为分析判断三类。

（三）研究设计类型选择

研究设计类型见表 4-1。

表 4-1　研究设计类型

类型	内容	优点	不足
横向设计	在同一时间内,对不同年龄组被试进行观察、测量或实验,以探究心理发展的规律或特点	最突出的优点是可以在短时间内收集到较多的资料,有助于描述心理发展的规律与趋势; 样本也易选取与控制; 设计成本低,省时省力,见效快	不足以确切地反映出个体心理发展的连续性和转折点; 依据横向设计所描绘出的心理发展曲线有可能受到"世代效应"的影响; 横向研究不能说明发展的因果联系

续表

类型	内容	优点	不足
纵向设计	在较长的时间内对同一群被试进行定期的观察、测量或实验,以探究心理发展的规律或特点	通过长期的追踪研究,可以获得心理发展连续性与阶段性的资料,从而系统、详尽地了解个体量变与质变的规律; 还有助于探明个体的早期发展与未来心理发展的联系,对了解发展的原因与机制十分有益	周期长、费用大; 在研究期间,被试样本的恒定非常困难,有可能影响取样的代表性; 需要被试反复做一些测验,不可避免地会使被试产生"练习效应"; 同样存在着"时代变迁"效应,即"时代-历史的混淆"
交叉设计	将横向设计与纵向设计融合在一起,以更好地探查心理发展变化的特点与转折点		

【真题训练】

1.（2021.10）单项选择题:下列研究设计类型中,指在同一时间内,对不同年龄组被试进行定期的观察、测量或实验,以探究心理发展的规律或特点的是（   ）。

A. 横向设计   B. 纵向设计   C. 交叉设计   D. 平行设计

【答案】A

【解析】横向设计是指在同一时间内,对不同年龄组被试进行观察、测量或实验,以探究心理发展的规律或特点。

2.（2019.10）单项选择题:容易使被试产生"练习效应"的研究设计是（   ）。

A. 交叉设计   B. 混合设计   C. 横向设计   D. 纵向设计

【答案】D

【解析】纵向研究需要被试反复做一些测验,这就不可避免地会使被试产生"练习效应"。

3.（2018.10）单项选择题:研究设计类型选择不包括（   ）。

A. 横向设计   B. 复杂设计   C. 纵向设计   D. 交叉设计

【答案】B

【解析】研究设计类型选择包括横向设计、纵向设计和交叉设计。

（四）研究动机的审视

学前教育领域的研究者选择研究问题的动机见表4-2。

表 4-2　学前教育领域的研究者选择研究问题的动机

动机	内容
检验理论或研究假设	用某种方法对假设的真实性作出的判断,是学前教育研究的最基本动机
契约研究	科学家与国家、政府、团体或其他机构及个人签订合同从事某项研究
学习目标研究	一般适用于学习群体,主要是为学习而研究,或是为体现自己的学业水平而开展的研究
专业成长研究	幼儿教师为促进自己的专业成长,结合自己的教学实践开展的研究
无框架研究	研究者根据自己的兴趣爱好自主发现问题、选择研究问题,在现有清晰的看法或观念指导下的研究

【真题训练】

(2018.10)单项选择题:学前教育领域的研究者选择研究问题的动机不包括(　　)。

A. 契约研究　　　　　B. 量化研究　　　　　C. 学习目标研究　　　　D. 专业成长研究

【答案】B

【解析】学前教育领域的研究者选择研究问题的动机主要有以下几种:(1)检验理论或研究假设;(2)契约研究;(3)学习目标研究;(4)专业成长研究;(5)无框架研究。

(五)质性研究与量化研究选择的条件

1. 质性研究选择的条件

质性研究适合的研究:

(1)不成熟的概念,这些概念明显地缺乏理论基础,带有偏见甚至是错误的;

(2)一些理论的内涵是不精确的、不适合的,带有偏见甚至是错误的;

(3)为发展理论需要探索的和描述的现象;

(4)事物的性质不适宜量化。

质性研究问题的特点:

(1)被研究的问题是不熟悉的问题;

(2)被研究的问题是探索性的问题,相关的概念与变量对研究者来说并不清楚;

(3)被研究的问题属于深层次的问题;

(4)探求研究问题的意义比数量更为重要;

(5)被研究的问题是意外的发现或突然地降临;

(6)被研究的问题属于独特的事件、独特的现象。

2. 量化研究选择的条件

量化研究一般是确定研究问题后,事先形成假设,然后设计特定的程序来检验假设。

考点三：研究中的设计

（一）选定分析单位

分析单位是研究中所采用的最基本的研究单元。

学前教育研究中的分析单位通常有以下几种情形。

（1）个人。它是教育研究中最常采用的分析单位。学前教育群体中的分析单位可以是幼儿、教师、家长、社区居民、朋友、长辈中的每一个个体。

（2）个体内的某一特征或状态。通常主要是个体的体质、生理、心理、行为。

（3）群体。群体作为分析单位常见的有家庭、班级、同事、朋友、学习小组、研究共同体、家园合作等。

（4）组织。指制度化、模式化、规范化的正式社会团体。

（5）社会文化产品。主要是同儿童、学前教育有关的社会文化产品。

（二）研究假设的建立

研究假设是以已知的事实和科学知识为基础，能够真正揭示未来事件的出现、未知事实出现的原因以及规律性的假定。研究假设分事实性假设和统计假设。

1. 研究假设的特点

（1）研究假设具有可推测性。

（2）研究假设以事实和科学知识为基础。

（3）研究假设是人类的认识逐步接近客观真理的方式。

2. 提出研究假设的方法

（1）由特殊到一般的方法。

（2）类推的方法。

（3）移植的方法。

（4）经验公式的方法。

（5）分类归纳的方法。

（6）由因推果的方法。

3. 形成研究假设的技巧

（1）形成假设必须以事实为基础，但也不能等待事实材料的积累。

（2）假设必须能解释已有的事实，预言未来的事件并能以实验予以检验。

（3）所形成的假设必须充分运用科学原理和新的线索，而不要被错误的传统观念所束缚。

（4）审慎地对待不同的假设。

（5）假设的结构应简明清晰。

（三）概念的界定与操作化

概念的界定和变量的操作化是教育研究的基础性工作。

概念的操作化是一种概念描述的规定,它需要被研究的概念特征具体化,其实质是描述用什么办法来测量概念。

【真题训练】

(2018.4)单项选择题:概念操作化的实质是(　　)。

A. 描述用什么办法来测量概念　　　　　B. 描述概念的内涵

C. 描述概念的外延　　　　　　　　　　D. 描述概念的来龙去脉

【答案】A

【解析】概念的操作化是一种概念描述的规定,它需要被研究的概念特征具体化,其实质是描述用什么办法来测量概念。

（四）抽样设计

抽样设计是指研究中如何抽取样本的计划安排。抽样设计分为随机抽样设计和非随机抽样设计。

1. 随机抽样设计

随机抽样设计是指抽取样本时按照随机抽样的方式进行,随机抽样设计是建立在统计学的抽样分布理论基础上的。随机抽样设计包括单纯随机抽样设计、机械抽样设计、整群抽样设计和分层抽样设计。

（1）单纯随机抽样设计。

从调查总体中完全按照随机的方式抽取调查样本,即单纯随机抽样。

单纯随机抽样必须遵循:① 抽样的随机性;② 抽样的独立性。

单纯随机抽样,可采用抽签法、随机数码表法以及摇号机摇号来实现。

单纯随机抽样从理论上讲是最符合随机原则的,在分析抽样误差时也比较简明;但这种方法在实践中常会受到限制。

（2）机械抽样设计。

机械抽样就是把总体中的所有个体按一定的顺序编号,然后按照固定的间隔抽取样本。

机械抽样比单纯随机抽样更能保证抽到的个体在总体中分布均匀,而单纯随机抽样比机械抽样更具有随机性。

（3）整群抽样设计。

从总体中抽取的研究样本是以一个群体作为抽样的单位,以此种方式抽取样本的调查就是整群抽样设计。

整群抽样的优点是便于调查实施,其缺点是若取样的群体特征与总体的特征差异较大时,取样的代表性就较差。

（4）分层抽样设计。

分层抽样就是按照总体已有的某些特征,将总体分成几个不同的部分(每一部分叫作一个层),再分别在每一个部分中随机抽样。

分层抽样一般分三步进行:① 分层;② 计算各层抽取比率;③ 计算抽取单位数。

【真题训练】

(2021.10)单项选择题:按照总体已有的某些特征,将总体分成几个不同的部分,再分别在每一个部分中随机抽样属于(   )。

A. 分层抽样设计   B. 机械抽样设计

C 小单纯随机抽样设计   D. 整群抽样设计

【答案】A

【解析】分层抽样就是按照总体已有的某些特征,将总体分成几个不同的部分(每一部分叫作一个层),再分别在每一个部分中随机抽样。

2. 非随机抽样设计

非随机抽样设计也称目的性抽样设计,它是指研究者为了达到研究目的,而选择一个并不具有随机条件的样本。非随机抽样设计主要有以下类型:(1)全面抽样设计;(2)最大差异抽样设计;(3)极端个案抽样设计;(4)典型个案抽样设计;(5)同质性抽样设计;(6)深度抽样设计;(7)关键个案抽样设计;(8)滚雪球抽样设计;(9)分层目的性抽样设计;(10)方便抽样设计。

四、 同步强化练习

（一） 单项选择题

1. 研究设计的形式化体现是(   )。

A. 研究计划   B. 研究报告   C. 研究假设   D. 研究课题

2. 开题报告的主要内容不包括(   )。

A. 资料分析   B. 文献综述   C. 论文框架   D. 参考文献

3. 描述性研究的主要手段是(   )。

A. 实验、测量   B. 访谈、论证   C. 观察、调查   D. 计算、分析

4. 学前教育研究问题的性质不包括(   )。

A. 状态特征分析判断   B. 社会背景分析判断

C. 内部心理变量分析判断   D. 特征性行为分析判断

5. 抽样设计的一般原则是(   )。

A. 在抽样时要考虑可行的特定条件的约束

B. 总体中的每一个个体具有同质或对等的信息源

C. 从总体中选择的样本具有代表性

D. 所抽取的样本中包含所有特定特征的个体

6. 量化研究一般情况下采用的抽样方法是( )。

A. 全面抽样   B. 目的性抽样   C. 随机抽样   D. 序列抽样

7. 遵循"信息最大化的抽样终止"原则的研究方法是( )。

A. 质性研究   B. 量化研究   C. 契约研究   D. 无框架研究

8. 被称为工作设计或发展设计的是( )。

A. 质性研究   B. 量化研究   C. 契约研究   D. 无框架研究

9. 教育研究中最常采用的分析单位是( )。

A. 群体   B. 组织   C. 个人   D. 社会文化产品

10. 研究假设分事实性假设和( )。

A. 描述性假设   B. 归纳假设   C. 解释性假设   D. 统计假设

（二）名词解释题

1. 研究计划

2. 解释性研究

3. 纵向研究

4. 无框架研究

5. 研究假设

（三）简答题

1. 简述研究计划的组成部分。

2. 简述探索性研究的目的。

3. 简述学前教育领域的研究者选择研究问题的主要动机。

4. 简述随机抽样设计的基本类型。

（四）论述题

1. 试述文献查阅时易犯的错误。

2. 试述形成研究假设的技巧。

（五）应用分析题

某市从 5 个区幼儿园的 399 个班中抽取 100 个班检查幼儿的健康状况,已知 5 个区幼儿园班数的分布为 111、73、108、67、40。对这 5 个区的 399 个班如何抽样?根据其基本步骤,分配抽取班级。

五、参考答案及解析

（一）单项选择题

1.【答案】A

【考点】研究计划的概念

【解析】研究设计的形式化体现是研究计划。研究计划是表达研究者的研究意图,说明研究的目的意义、研究的方法步骤等方面的书面陈述。

2.【答案】A

【考点】学位论文或毕业设计中的研究计划

【解析】开题报告的主要内容包括选题意义、文献综述、研究的内容及可行性分析、论文拟解决的关键问题及难点、论文框架、资料收集方法、论文撰写的进度安排以及参考文献。

3.【答案】C

【考点】研究设计的方法

【解析】描述性研究的主要目的是对某一事物或事件进行描述,它通常要对该事物发生的时空特征、事物间的内在联系进行全方位的描述,观察、调查成为描述性研究的主要手段。

4.【答案】B

【考点】对研究问题性质的分析判断

【解析】研究问题的选择首先是要分析研究问题的性质,学前教育研究问题的性质可分为三类:状态特征分析判断、内部心理变量分析判断和特征性行为分析判断。

5.【答案】A

【考点】对研究问题性质的分析判断

【解析】抽样设计的一般原则是在抽样时要考虑可行的特定条件的约束,这是量化研究与质化研究共同遵循的准则。

6.【答案】C

【考点】质性研究与量化研究选择的条件

【解析】质性研究和量化研究的方法学前提差异巨大,决定了量化研究一般采用随机抽样方法,而质性研究则采用目的性抽样方法。

7.【答案】A

【考点】质性研究与量化研究选择的条件

【解析】对量化研究者来说,在财力和其他实施、计算条件允许的范围内,样本容量越大越好。质性研究的目的性抽样遵循的是"信息最大化的抽样终止"原则。

8.【答案】A

【考点】质性研究选择的条件

【解析】质性研究设计所具有的这种自然性、灵活性、自动性,使得其设计风格同量化研究设计有较大的差异,为了以示区别,质性研究也将这种设计称为工作设计,也有人将其称为发展设计。

9.【答案】C

【考点】选定分析单位

【解析】个人是教育研究中最常采用的分析单位,以个人为单位的研究旨在揭示个人组成的群体特征或总体特征,以及总体中个人之间的关系与动力特征。

10.【答案】D

【考点】研究假设的建立

【解析】研究假设是以已知的事实和科学知识为基础,能够真正揭示未来事件的出现、未知事实出现的原因以及规律性的假定。研究假设分事实性假设和统计假设。

（二）名词解释题

1. **研究计划**是表达研究者的研究意图,说明研究的目的意义、研究的方法步骤等方面的书面陈述。

2. **解释性研究**是对事物或事件发生的前因后果进行分析探讨,其主要目的是确定事物之间的关系,特别是因果关系。

3. **纵向研究**又称追踪研究,是指在较长的时间内对同一群被试进行定期的观察、测量或实验,以探究心理发展的规律或特点。

4. **无框架研究**是指研究者根据自己的兴趣爱好自主发现问题、选择研究问题,在现有清晰的看法或观念指导下的研究。

5. **研究假设**是以已知的事实和科学知识为基础,能够真正揭示未来事件的出现、未知事实出现的原因以及规律性的假定。

（三）简答题

1. 研究计划的组成部分为:(1)导论;(2)文献综述;(3)研究设计与方法;(4)资料分析;(5)预期结果;(6)研究进程与时间安排;(7)研究条件与物质保障;(8)经费预算。

2. 探索性研究的目的有:

(1)满足研究者了解某事物的好奇心或欲望;

(2)探讨周密研究某一问题的可能性;

(3)探索更为周密的研究方法。

3. 学前教育领域的研究者选择研究问题的主要动机为:

(1)检验理论或研究假设;

(2)契约研究;

(3)学习目标研究;

(4)专业成长研究;

(5)无框架研究。

4. 随机抽样设计的基本类型有:

(1)单纯随机抽样设计;

(2)机械抽样设计;

(3)整群抽样设计;

(4)分层抽样设计。

（四）论述题

1. 文献查阅时易犯的错误有:

(1)没有利用充分的时间来界定最好的主字码,没有确认在查阅与主题相关的文献中使用的最佳资料;

(2)没有把文献查阅的结果与研究者自身的研究问题有效地联系起来;

（3）查阅文献时,过多依赖二手资料而不是原始资料;

（4）没有说明文献查阅的过程;

（5）毫无批判地接受某研究者的结果和解释并将其当作有用的资料,没有检查该研究设计与分析的所有方面;

（6）在综合定性文献时,未考虑相反的结果与诠释。

2. 形成研究假设的技巧有:

（1）形成假设必须以事实为基础,但也不能等待事实材料的积累;

（2）假设必须能解释已有的事实,预言未来的事件并能以实验予以检验;

（3）所形成的假设必须充分运用科学原理和新的线索,而不要被错误的传统观念所束缚;

（4）审慎地对待不同的假设;

（5）假设的结构应简明清晰。

（五）应用分析题

对这 5 个区的 399 个班应进行分层抽样。分层抽样一般分三步进行:① 分层;② 计算各层抽取比率;③ 计算抽取单位数。据此对抽取班级分配如下表:

分层抽样设计

	一区	二区	三区	四区	五区
班级/个	111	73	108	67	40
抽取比率/%	0.28	0.18	0.27	0.17	0.10
抽取班数/个	28	18	27	17	10

第五章
如何进行观察研究

一、 教材知识思维导图

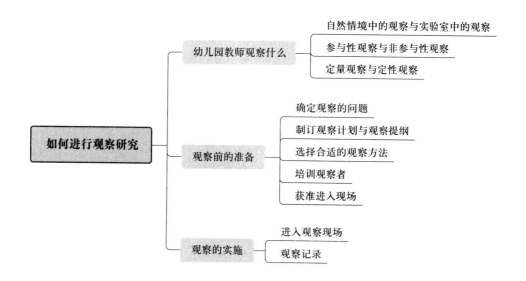

二、 本章重难点知识概要

重点知识:实验室观察与自然观察的区别;参与性观察的优点;定量观察;使观察问题有效地反应课题研究内容的策略;选择合适的观察方法的要素;确定观察者意见一致与减少观察者效应的方法;定量观察与定性观察的区别;时间取样记录与事件取样记录的区别;出野笔记与事件取样记录的区别。

难点知识:在理解时间取样与事件取样两种观察记录方法的基础上,初步学会两种观察记录方法的运用。

学习建议:本章内容涉及较多的概念,应注意辨析,理解记忆。

三、 重难点知识精讲

考点一：幼儿园教师观察什么

（一）自然情境中的观察与实验室中的观察

按照观察的情境条件可以分为自然情境中的观察与实验室中的观察。

自然情境中的观察也称现场观察，是指在现场的自然情境中不加以控制的观察，观察者一般不做任何努力去操纵变量或控制个体的行为而只是观察与记录自然发生的事件与行为。

实验室中的观察又称控制观察与条件观察，是指在实验室有控制的条件下的观察，需要设置特定的情境，规定刺激的性质，观察特定条件下的特定的行为。

【真题训练】

（2018.10）单项选择题：教育研究中最古老的观察是（　　　）。

A. 参与性观察　　　　　　　　　　　B. 非参与性观察

C. 实验室中的观察　　　　　　　　　D. 自然情境中的观察

【答案】D

【解析】自然情境中的观察是教育研究中最古老的、也是最基本的观察，能系统地记录儿童的发展变化，能获得相对客观的资料。

（二）参与性观察与非参与性观察

按照观察者是否参与被试的活动，可以划分为参与性观察与非参与性观察。幼儿园教师最主要的还是采用参与性观察。

参与性观察对于幼儿园教师来说，有以下优点：（1）参与性观察由于研究者与被试的心理距离被缩短，有利于发现研究问题，研究可以比较深入，可以追究根源。（2）参与性观察还是行动研究的重要基础和必备的方法。

非参与性观察是指观察者不介入观察对象的活动，以局外人或者旁观者的身份进行的观察。

【真题训练】

（2020.10）单项选择题：观察者不介入观察对象的活动，以局外人或者旁观者的身份进行的观察指的是（　　　）。

A. 实验室观察　　　　B. 定性观察　　　　C. 非参与观察　　　　D. 自然观察

【答案】C

【解析】非参与性观察是指观察者不介入观察对象的活动,以局外人或者旁观者的身份进行的观察。

（三）定量观察与定性观察

按照观察过程记录方式与结果处理手段不同,可以分为定量观察与定性观察。

定量观察是事先运用一套定量的结构化的记录方式所进行的观察,也称为结构性观察或系统性观察。常见的定量观察记录方式包括时间取样记录表、事件取样记录表、项目清单、等级量表种形式。

定性观察也称非结构性观察,是研究者依据简要的观察提纲,在观察现场对被试进行最详细的、多方面的记录,并在观察后根据回忆加以必要的追溯性的补充与完善的一种观察。常见的定性观察记录方式有描述体系、叙述体系、图式记录与仪器记录等。

【真题训练】

1.（2021.10）单项选择题:研究者依据简要的观察提纲,在观察现场对被试进行最详细的、多方面的记录,并在观察后根据回忆加以必要的追溯性补充与完善,这种观察属于（　　）。

A. 定量观察　　　　B. 定性观察　　　　C. 间接观察　　　　D. 结构性观察

【答案】B

【解析】定性观察是研究者依据简要的观察提纲,在观察现场对被试进行最详细的、多方面的记录,并在观察后根据回忆加以必要的追溯性的补充与完善的一种观察。

2.（2019.10）单项选择题:下列观察记录方式中,属于定量观察记录的是（　　）。

A. 项目清单　　　　B. 图式记录　　　　C. 描述体系　　　　D. 叙述体系

【答案】A

【解析】常见的定量观察记录方式有四种形式,即时间取样记录表、事件取样记录表、项目清单、等级量表。常见的定性观察记录方式有描述体系、叙述体系、图式记录与仪器记录等。

考点二:观察前的准备

（一）确定观察的问题

一般而言,要使得观察问题能有效地反映课题研究的内容,要做到以下几点:

（1）研究者应该对课题研究的内容进行分析,主要确定内容所涉及的范围;

（2）研究者应该按照一定标准将罗列的行为与事件形成一个体系,可以使得观察问题更加明确,以帮助研究者按类别进行观察,提高观察研究的效果与效率。

（二）制定观察计划与观察提纲

1. 观察计划的制定

观察研究计划的制定一般应考虑研究问题的特征、观察对象活动的特点与要求、观察者自身所具备的主客观条件等方面，力求在科学设计的基础上，保证观察研究计划的切实可行。

一份完整的观察研究计划应该包括观察内容、观察时间、观察对象的选择、观察地点、观察方式与手段、对观察资料的整理和分析、观察者之间的分工以及观察报告撰写规划等方面的内容。

2. 观察提纲的制定

观察提纲是观察计划的具体化、明确化。一般情况下，观察提纲应包括：（1）观察对象；（2）行为表现；（3）时间要素；（4）地点环境；（5）观察方式。

（三）选择合适的观察方法

研究者应在充分了解各类观察方法特性与用途的基础上，依据以下几个因素选择合适的观察方法。

（1）观察研究的目的。

（2）观察对象活动的特点。观察对象活动的特点是指观察对象的活动在时间上的规律性和在生活空间上的分散与集中，以及活动中行为与事件的复杂性和变化的快慢等。

（3）观察者已具备的观察条件。这里所指的观察条件包括观察者能用的时间、观察设备、参与观察研究的经验、观察者与被试之间的关系等。

（四）培训观察者

确定观察者的意见一致与减少观察者效应是培训观察者的重要目的。

确定观察者的意见一致需要通过建立标准关联观察者信度、观察者内部信度、观察者间的信度来完成。

观察者效应是指观察者对收集的数据或文字信息的效度或信度有着负面影响的行为。

观察者效应主要表现在以下几个方面：（1）观察者对被观察者的影响；（2）观察者个人偏见；（3）观察者污染；（4）观察者遗漏；（5）观察者倾向。

培训观察者具体步骤可以有以下两个方面：（1）要与他们讨论观察的方式，培训者应该详细地描述观察计划或者观察提纲中的每一个构成要件，帮助受训者对被观察和被记录的内容以及方法形成深刻的理解。（2）进行实践观察，这种实践性观察可以进入幼儿园的班级进行，也可以通过录像进行。

【真题训练】

（2018.10）单项选择题：观察者没能记录与观察提纲中某个类目相符的行为，这种误差称为(　　)。

  A. 观察者遗漏　　　　　　　　　　　B. 观察者污染

  C. 观察者倾向　　　　　　　　　　　D. 观察者个人偏见

【答案】A

【解析】观察者遗漏是指没能记录与观察提纲中某个类目相符的行为。这种误差可以在观察者培训中重点予以解决。

（五）获准进入现场

要顺利进入观察现场,研究者必须做好两个方面的工作:(1)研究者通过向观察对象所在的单位详细解释观察的目的,争取相关人员的支持和配合,与他们建立良好的合作关系,力争为观察研究创造有利的氛围;(2)研究者要切实了解与熟悉观察对象的生活与活动规律、幼儿园一日生活的安排、家庭的作息习惯等,尽可能将研究与实际的情况联系起来,以免出现不必要的冲突。

考点三：观察的实施

（一）进入观察现场

研究人员进入实际环境进行观察时,一方面研究人员要尽可能注意不干预被试的活动。不干预活动的目的在于不影响被试自然行为的发生,从而能获得真实、可靠的信息。另一方面,研究者要讲究观察记录的方式、方法。

对于观察研究中可能会发生一些突发事件,如生病、天气变化、活动安排的变化等,研究者要学会有效地处置。

（二）观察记录

1. 定性观察记录

定性观察记录是以非量化如非数字的形式呈现观察内容,包括用书面语言、用录音或摄像设备记录口头语言、行为等。

（1）描述体系。描述体系是在一定分类框架下对观察目标进行的除数字之外的各种描述,既属于分类体系,又属于开放定性的体系。

（2）叙述体系。叙述体系是事先抽取一个事件的片段,在观察的同时对相关事件与行为做详细真实的文字记录,必要时还可以加入观察者的一些主观评价。

① 田野笔记主要是用书面语言进行记录,观察者针对某个较大主题,在一段时间内持续地、尽可能详尽地记录被试所有的行为动作表现,包括目标对象自身的全部言行,以及该对象与环境及他人的相互作用与交往。田野笔记是定性观察最基本的记录方式。

田野笔记的内容包括:被试的肖像;交谈过程的再现;物理情境的描述;对特定事件的记载;对活动的叙述。

观察者记录田野笔记时应注意以下事项:用日常语言尽可能准确地做记录,记录过程中,不做主观的推断、解释和评价;按行为和事件发生的原有顺序进行描述;分层次对行为事件进行描述记录;确定观察的时间界限。

② 日记描述是对同一个或者同一组被试在一段较长的时间内进行反复的观察,把观察到的关于被试的新行为、新发展记录下来,进行研究。

③ 轶事记录主要对与研究相关的某件事件进程进行详细的描述,注重记录某种有价值的资料或信息。

④ 样本描述是在一段特定的有代表性的时间内,对发生的行为按顺序进行详尽的记录。

【真题训练】

(2018.4)单项选择题:下列记录方法中,能够提供关于研究对象发展的连续而真实"画面"的为(   )。

A. 日记描述   B. 轶事记录   C. 样本描述   D. 田野笔记

【答案】D

【解析】田野笔记对于幼儿教师来说,它的好处是明显的。观察过程比较简单,没有太多外在的需求,长期记录能提供关于研究对象发展的连续而真实的"画面",并为研究提供大量有用的第一手资料,有助于摸索对相似问题的解决办法以及其他教育规律。

(3)图式记录。图式记录就是用位置图、环境图的形式直接呈现相关信息,是一种直观的观察记录的方式。

2. 定量观察记录

(1)时间取样记录。

时间取样记录是以一定的时间间隔为取样标准,观察记录预先确定的行为是否发生以及发生的次数的一种观察记录方式。弗兰德斯互动分析分类体系(FIAC)主要采用时间取样的方法。编制时间取样编码表是时间取样记录的一个环节。编制记录表格要考虑以下内容:① 确定观察的时间单位;② 确定所需资料的种类和记录方式;③ 保持观察记录的行为类型、观察时间单位、观察人数三者之间的平衡性;④ 对所要观察的行为进行编码。

(2)事件取样记录。

事件取样记录是从被试多种多样的行为中选出一种有代表性的行为进行观察,在自然的情境中,等待所要观察的行为出现,然后记录这一行为全貌的观察手段。

事件取样记录一般采取现场记录为主,运用事件取样记录应明确以下几方面的要求:① 要预先确定目标行为事件,并给需要观测的行为事件下科学的操作定义;② 观察研究者需要预先考虑观察记录所需的内容;③ 每次观察记录应在相同的活动背景中进行;④ 观察正式开始之前确定观察记录总时间;⑤ 观察记录前要先确定观察的样本人数,并要熟悉观察对象,根据行为事件发生频率的高低,确定每位观察者每次可同时观察的人数;⑥ 现场记录应按事件发生的时间先后顺序进行;⑦ 在对事件取样记录的资料进行量化分析时,研究者应考虑量化指标。

【真题训练】

（2019.10）单项选择题：与时间取样记录相比较，事件取样记录主要注重收集（　　）。

A. 定量资料　　　　　　B. 定性资料　　　　　　C. 录像资料　　　　　　D. 图片资料

【答案】B

【解析】事件取样记录和时间取样记录相比较，主要注重定性资料的收集，进行定量的统计分析有一定的困难。

（3）项目清单。

项目清单是指预先列出一些需要观察并且可能发生的行为或其他项目，观察者在每一种要观察的行为或相关项目发生时做记号，它的作用在于核查所要观察的行为或项目有无发生。

（4）等级记录。

等级记录指观察者带着某种目的，对观察对象进行多次观察，然后用某种等级评定量表对所要研究的特性加以评定的观察记录手段。

等级记录中经常运用的等级量表有数字评定量表、描述评定量表、累计评定量表等。

运用等级记录时的注意事项：① 等级记录应在多次观察的基础上进行；② 对评定等级要确定具体的标准；③ 尽量避免评分过高或过低的情况，防止可能会对评定者造成主观偏见的因素出现；④ 最好由两个或两个以上的评分者进行评分。

四、 同步强化练习

（一） 单项选择题

1. 行动研究的重要基础和必备的方法是（　　）。

A. 参与性观察　　　　B. 定量观察　　　　　C. 非参与性观察　　　　D. 定性观察

2. 下列选项中属于定性观察记录方式的是（　　）。

A. 时间取样记录表　　B. 项目清单　　　　　C. 事件取样记录表　　　D. 仪器记录

3. 观察研究计划不包括（　　）。

A. 观察对象的选择　　　　　　　　　　B. 观察者的信息

C. 观察方式与手段　　　　　　　　　　D. 观察报告撰写规划

4. 当观察者对某一课题特定数据的理解影响到他记录其他变量的数据时，会产生（　　）。

A. 观察者效应　　　　B. 观察者污染　　　　C. 观察者遗漏　　　　D. 观察者倾向

5. 提高观察信度与克服观察者效应的有效手段是（　　）。

A. 培训观察者　　　　　　　　　　　　B. 选择合适的观察方法

C. 设计观察提纲　　　　　　　　　　　D. 改善观察条件

6. 事先抽取一个事件的片段,在观察的同时对相关事件与行为做详细真实的文字记录,必要时还可以加入观察者的一些主观评价,这是指(　　　)。

A. 描述体系　　　　　　B. 叙述体系　　　　　　C. 轶事记录　　　　　　D. 图式记录

7. 定性观察最基本的记录方式是(　　　)。

A. 田野笔记　　　　　　B. 日记描述　　　　　　C. 轶事记录　　　　　　D. 样本描述

8. 对同一个或者同一组被试在一段较长的时间内进行反复的观察,把观察到的关于被试的新行为、新发展记录下来,进行研究,这是指(　　　)。

A. 田野笔记　　　　　　B. 日记描述　　　　　　C. 轶事记录　　　　　　D. 样本描述

9. 在一段特定的有代表性的时间内,对发生的行为按顺序进行详尽地记录是指(　　　)。

A. 田野笔记　　　　　　B. 日记描述　　　　　　C. 轶事记录　　　　　　D. 样本描述

10. 事件取样记录获取的资料重在(　　　)。

A. 行为事件的特点、性质　　　　　　　　　B. 事件行为的存在

C. 行为事件的背景、起因　　　　　　　　　D. 事件行为的轨迹

11. 等级记录中经常运用的等级量表不包括(　　　)。

A. 数字评定量表　　　　B. 描述评定量表　　　　C. 综合评定量表　　　　D. 累计评定量表

(二) 名词解释题

1. 现场观察

2. 参与性观察

3. 定量观察

4. 观察者效应

5. 观察者倾向

6. 描述体系

7. 田野笔记

8. 时间取样记录

(三) 简答题

1. 简述使观察问题有效地反映课题研究内容的策略。

2. 简述观察提纲应包括的内容。

3. 简述培训观察者的具体步骤。

4. 简述运用事件取样记录应明确的要求。

5. 简述运用等级记录时应注意的问题。

(四) 论述题

试述研究者获准进入观察现场要做的工作。

(五) 应用分析题

小王是某市幼儿园的一名教师,她发现在课堂上幼儿插话的现象时有发生,她打算以此为研究课题开展一项观察研究。

学前教育观察研究的类型都有哪些? 你认为小王应当选择哪种观察类型? 请你帮她撰写一份观察研究计划。

五、 参考答案及解析

（一） 单项选择题

1.【答案】A

【考点】参与性观察

【解析】参与性观察是行动研究的重要基础和必备的方法。

2.【答案】D

【考点】定性观察

【解析】常见的定性观察记录方式有描述体系、叙述体系、图式记录与仪器记录等。选项A、B、C 都属于定量观察记录方式。

3.【答案】B

【考点】观察研究计划

【解析】一份完整的观察研究计划应该包括观察内容、观察时间、观察对象的选择、观察地点、观察方式与手段、对观察资料的整理和分析、观察者之间的分工以及观察报告撰写规划等方面的内容。

4.【答案】B

【考点】观察者效应的主要表现

【解析】当观察者对某一课题特定数据的理解影响到他记录其他变量的数据时,会产生观察者污染。使观察者远离污染性信息是解决这个问题的有效措施。

5.【答案】A

【考点】培训观察者

【解析】培训观察者是提高观察信度与克服观察者效应的有效手段。

6.【答案】B

【考点】叙述体系

【解析】叙述体系与描述体系的区别在于不是预先设置的分类,而是事先抽取一个事件的片段,在观察的同时对相关事件与行为做详细真实的文字记录,必要时还可以加入观察者的一些主观评价。

7.【答案】A

【考点】田野笔记

【解析】田野笔记是定性观察最基本的记录方式。

8.【答案】B

【考点】日记描述

【解析】日记描述是对同一个或者一组被试在一段较长的时间内进行反复的观察,把观察到的关于被试的新行为、新发展记录下来,进行研究。

9.【答案】D

【考点】样本描述

【解析】样本描述是在一段特定的有代表性的时间内,对发生的行为按顺序进行详尽地记录。

10.【答案】A

【考点】事件取样记录

【解析】事件取样记录获取的资料重在行为事件的特点、性质,并以此作为观察者注意的中心,时间在这里仅是说明事件持续性等特点的一个因素,而时间取样记录的重心在于事件行为的存在。

11.【答案】C

【考点】等级记录

【解析】等级记录中经常运用的等级量表有数字评定量表、描述评定量表、累计评定量表等。

(二) 名词解释题

1. **现场观察**也称自然情境中的观察,是指在现场的自然情境中不加以控制的观察,观察者一般不做任何努力去操纵变量或控制个体的行为,而只是观察与记录自然发生的事件与行为。

2. **参与性观察**是观察者实际地参与到观察对象正在活动的环境当中,观察者的身份可以是公开的,也可以是隐蔽的。

3. **定量观察**是事先运用一套定量的结构化的记录方式所进行的观察,也称为结构性观察或系统性观察。

4. **观察者效应**是指观察者对收集的数据或文字信息的效度或信度有着负面影响的行为。

5. **观察者倾向**是指观察者逐渐重新定义观察变量的倾向。

6. **描述体系**是在一定分类框架下对观察目标进行的除数字之外的各种描述,既属于分类体系,又属于开放定性的体系。

7. **田野笔记**是人类学研究的一种重要方法,主要是用书面语言进行记录,观察者针对某个较大主题,在一段时间内持续地、尽可能详尽地记录被试所有的行为动作表现,包括目标对象自身的全部言行,以及该对象与环境及他人的相互作用与交往。

8. **时间取样记录**是以一定的时间间隔为取样标准,观察记录预先确定的行为是否发生以及发生的次数的一种观察记录方式。

(三) 简答题

1. 使观察问题有效地反映课题研究内容的策略有:

(1)研究者应该对课题研究的内容进行分析,主要确定内容所涉及的范围;

(2)研究者应该按照一定标准将罗列的行为与事件形成一个体系,可以使得观察问题更加明确,以帮助研究者按类别进行观察,提高观察研究的效果与效率。

2. 观察提纲应包括的内容有:(1) 观察对象;(2) 行为表现;(3) 时间要素;(4) 地点环境;(5) 观察方式。

3. 培训观察者的具体步骤为:

(1) 与受训者讨论观察的方式,培训者应该详细地描述观察计划或者观察提纲中的每一个构成要件,帮助受训者对被观察和被记录的内容以及方法形成深刻的理解;

(2) 进行实践观察,这种实践性观察可以进入幼儿园的班级进行,也可以通过录像进行。指导受训者在每一项应该记录的行为发生时,计入相应观察表格。培训者应该及时检查他们记录的情况,如果有不同意见,可以重复播放,讨论最佳记录并说明缘由。

4. 运用事件取样记录应明确的要求如下:

(1) 要预先确定目标行为事件,并给需要观测的行为事件下科学的操作定义;

(2) 观察研究者需要预先考虑观察记录所需的内容;

(3) 每次观察记录应在相同的活动背景中进行;

(4) 观察正式开始之前确定观察记录总时间;

(5) 观察记录前要先确定观察的样本人数,并要熟悉观察对象;

(6) 现场记录应按事件发生的时间先后顺序进行;

(7) 在对事件取样记录的资料进行量化分析时,研究者应考虑量化指标。

5. 运用等级记录时应注意的问题如下:

(1) 等级记录应在多次观察的基础上进行;

(2) 对评定等级要确定具体的标准;

(3) 尽量避免评分过高或过低的情况,防止可能会对评定者造成主观偏见的因素出现;

(4) 最好由两个或两个以上的评分者进行评分。

(四) 论述题

要顺利进入观察现场,研究者必须做好两个方面的工作:一方面,研究者通过向观察对象所在的单位(如幼儿园、家庭等)详细解释观察的目的,争取相关人员的支持和配合,与他们建立良好的合作关系,力争为观察研究创造有利的氛围。另一方面,研究者要切实了解与熟悉观察对象的生活与活动规律、幼儿园一日生活的安排、家庭的作息习惯等,尽可能将研究与实际的情况联系起来,以免出现不必要的冲突。必要的时候,研究者可以参与观察对象的某些活动,使得进入现场前在观察对象与研究者之间建立相互信任的关系,以保证正式观察活动的顺利进行。

(五) 应用分析题

(1) 学前教育观察研究的类型有:

① 按照观察的情境,条件学前教育观察可以分为自然情境中的观察与实验室中的观察。

② 按照观察者是否参与被试的活动,学前教育观察可以划分为参与性观察与非参与性观察。

③ 按照观察过程记录方式与结果处理的手段不同,学前教育观察可以分为定量观察与定性观察。

（2）小王应当选择自然情境中的观察、参与性观察和定性观察。

（3）观察研究计划如下。

××幼儿园大班幼儿在教学活动中插话行为观察研究计划

一、观察研究意义与背景。（略）

二、观察研究内容:××幼儿园大班幼儿在教学活动中的插话行为。

插话行为操作定义:在课堂上教师的教学活动中,幼儿突然冒出一句话,没有经过他人同意或者在不适当的场合随便插上几句话,不阻止这种现象,课堂教学就会受到干扰。

行为分类:

1. 幼儿对老师讲话中的部分内容感到好奇,迫不及待地想解决心中的"疑问";

2. 老师谈的或讨论的内容,幼儿曾经听说过或有点似懂非懂,产生"共鸣"、激动,急于想"表现"自己,讲一讲自己的"看法";

3. 幼儿独自玩耍或独自尝试着做某件事遇到了困难,这时他急于求得帮助,可能会不顾场合打断老师的讲话。

三、观察地点:××幼儿园大班教室。

四、观察研究时间:每天上午 9:30—11:00,下午 3:00—4:30,共持续四周。

五、观察研究对象:从大班幼儿中随机抽取 40 名幼儿（男女各 20 名）进行观察研究。

六、观察研究与记录方法:运用观察研究中事件取样法进行观察研究,同时运用事件取样记录表进行观察记录。（略）

七、观察资料的整理和分析:利用图式统计与 x^2 检验等统计分析方法对所观察记录数据进行处理,具体包括以下三个方面内容:

1. 了解大班幼儿在课堂上各类插话行为的发生频率,分析插话行为与性别、发生场所之间是否存在关联;

2. 通过对大班幼儿插话行为性质分析,了解他们发生插话行为的原因;

3. 了解教师对待幼儿插话行为的态度及处理方法,初步了解教师对待幼儿插话行为的态度是否积极以及由此造成对幼儿的影响。

八、观察者之间的分工:明确每个观察者的观察对象,确定资料整理分析、撰写观察报告的人员。（略）

九、观察报告撰写规划。（略）

第六章
如何进行访谈研究

一、 教材知识思维导图

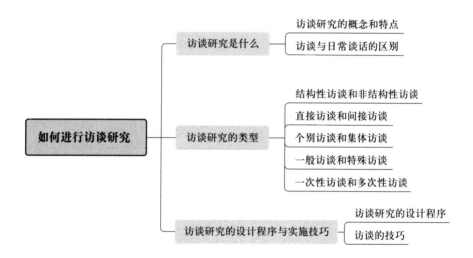

二、 本章重难点知识概要

重点知识:访谈研究的概念;访谈研究的类型。

难点知识:访谈研究的设计程序;访谈的技巧。

学习建议:注意对比辨析各种类型的访谈研究,结合实例掌握访谈研究的设计程序与实施技巧。

三、 重难点知识精讲

考点一：访谈研究是什么

（一）访谈研究的概念和特点

1. 学前教育访谈研究的概念

访谈研究是研究者通过与受访者面对面的交谈，以口头回答的形式来搜集资料的一种调查研究方法。

2. 学前教育访谈研究的特点

（1）整个访谈过程是访谈者与受访者相互影响和相互作用的过程。

（2）访谈研究是访谈者主动与受访者建立积极信赖关系的人际交往过程。

（3）访谈研究具有特定的科学目的和一整套设计、编制和实施的原则。

（二）访谈与日常谈话的区别

访谈与日常谈话的区别见表 6-1。

表 6-1　访谈与日常谈话的区别

	访谈	日常谈话
目的性	强	弱
开始方式	不会超过握手的范围，招呼过后即开始预定的访谈内容	以友好的招呼开始，不同的打招呼方式和身体接触方式表明交谈双方的亲密程度和关系
内容重复	就某一重要问题重复发问和追问	有意避免重复
问题	访谈者向受访者发问，受访者一般需要向访谈者提供有用的信息	可以相互问对方问题，问题的内容多半与个人的生活和工作有关
兴趣	只要求访谈者向受访者显示兴趣和热情，受访者一般不需要这样做	交谈双方常常向对方表示自己对话题很感兴趣，希望继续交谈下去
言语轮换	访谈者提问题的时候比较多，主要是由访谈者挑起新的话题	双方的言语轮换是平等的，双方往往是有问有答，有来有往
沉默	不会长时间地保持沉默，如果受访者沉默不语，访谈者应想尽一切办法让受访者说话	如果在某一时刻都觉得不必说话，允许交谈双方保持沉默
结束语	结束语通常表达的是由于时间的限制或信息差不多够了，访谈者还要表示对受访者的感谢	双方在谈话结束时，通常会使用结束语，但结束语通常表达着某种想结束谈话的理由

考点二：访谈研究的类型

（一）结构性访谈和非结构性访谈

根据研究者是否对访谈过程进行控制和访谈过程是否使用经过严格设计的问卷或提纲,可以将访谈分为结构性访谈和非结构性访谈。

结构性访谈又称标准化访谈,是指访谈者按照统一的设计要求和事先规定的访谈内容依次向访谈对象提问,并要求受访者按规定的标准回答提问的正式访谈。

非结构性访谈又称非标准化访谈,它是一种只按一个粗线条式的访谈提纲进行的非正式访谈。

【真题训练】

（2021.10）单项选择题:访谈者按照统一的设计要求和事先规定的访谈内容,依次向访谈对象提问,这种访谈属于(　　)。

A. 结构性访谈　　　　B. 非结构访谈　　　　C. 特殊访谈　　　　D. 一般访谈

【答案】A

【解析】结构性访谈又称标准化访谈,是指访谈者按照统一的设计要求和事先规定的访谈内容依次向访谈对象提问,并要求受访者按规定的标准回答提问的正式访谈。

（二）直接访谈和间接访谈

根据访谈是否以面对面的方式进行,可将访谈分为直接访谈和间接访谈。

直接访谈是访谈者和被访谈者以面对面的方式进行的访谈。

间接访谈是访谈者通过一定的中介物与被访谈者进行的访谈,如电话访谈、网络访谈等。

【真题训练】

（2018.4）单项选择题:根据访谈是否以面对面的方式进行,可将访谈分为(　　)。

A. 一般访谈和特殊访谈

B. 一次性访谈和多次性访谈

C. 直接访谈和间接访谈

D. 结构性访谈和非结构性访谈

【答案】C

【解析】根据访谈是否以面对面的方式进行,可将访谈分为直接访谈和间接访谈。

（三）个别访谈和集体访谈

根据一次访谈对象的多少,可将访谈分为个别访谈和集体访谈。

个别访谈是指由访谈者对被访谈对象逐个进行的单独访谈。

集体访谈是由一名或数名访谈者同时和两个以上的访谈对象进行的访谈,往往以座谈会的形式进行。

（四）一般访谈和特殊访谈

根据访谈对象特点的不同,访谈可分为一般访谈和特殊访谈。

一般访谈是指对一般的访谈对象或正常的访谈对象所进行的访谈。

特殊访谈是指对某些特殊的访谈对象(社会名流、儿童、残障人士、犯罪人员等)或有身心疾病的非正常访谈对象所进行的访谈。

【真题训练】

(2020.10)单项选择题:根据访谈对象特点的不同,访谈可以分为(　　　)。

A. 直接访谈和间接访谈　　　　　　　B. 个别访谈和集体访谈

C. 一次性访谈和多次性访谈　　　　　D. 一般访谈和特殊访谈

【答案】D

【解析】根据访谈对象特点的不同,访谈可分为一般访谈和特殊访谈。

（五）一次性访谈和多次性访谈

根据访谈的次数,访谈可以分为一次性访谈和多次性访谈。

一次性访谈是访谈者通过与被访者之间的某次访谈,从而收集有关研究信息。

多次性访谈则是通过多次的访谈收集有关研究信息。

考点三：访谈研究的设计程序与实施技巧

（一）访谈研究的设计程序

(1)确立研究的目的。访谈设计的第一步应明确访谈研究的目的,并将其进一步具体化。

(2)考虑具体的访谈方式和访谈对象。

(3)访谈问题的设计。访谈中问题的类型主要有两种:封闭性问题和开放性问题。

封闭性问题又称限定性问题,它在问题中包含了可能的答案,要求被访者对问题中提供的若干种可能的答案进行选择。开放性问题又称非限定性问题,它是由访谈者直接提出,由被访者自由作答的问题。

在对要访谈的问题进行表述时,应注意以下几个问题:① 访谈问题应清楚明确,不含糊,不能模棱两可;② 问题的文字表达要适合访谈对象的文化程度和知识经验水平,避免用专业术语;③ 不要向受访者提出不能做出回答的问题;④ 对某些可能需要做出解释说明的问题,应制定统一的解释说明方式及说明范围内容;⑤ 每一个具体的问题应反映某一个单一的变量或问题,而不要同时涉及若干个不同的问题;⑥ 在谈话时不要使用具有暗示性的措辞,以避免访谈者的主观意向对受访者态度和反应的影响;⑦ 应避免使用容易引起社会性误差的问题;⑧ 对较复杂的问题可附上必要的解释;⑨ 问题的编排顺序应先由一般的开放性的问题逐步到具体的封闭性的问题,由较大的问题逐步到较小的问题,对一些使访谈对象感到为难、害羞之类的问题应放在最后。

(4)做好访谈前的准备工作。访谈前的准备工作主要包括以下内容:① 充分熟悉访谈的内容和程序;② 准备好访谈所需的相关材料和设备;③ 尽可能地了解访谈对象;④ 确定访谈时间和地点。

(5)进行预谈并修订访谈计划。进行预谈的注意事项:① 预谈对象应与以后的正式访谈对象是同一群人,即在一定程度上代表着正式访谈对象;② 在预谈过程中应当尽可能做详细的记录。预谈结束后,应及时根据预谈情况对访谈设计进行修改和完善。

【真题训练】

(2019.10)单项选择题:访谈设计的首要一步是(　　)。

A. 设计访谈问题　　　B. 确定访谈对象　　　C. 明确访谈目的　　　D. 考虑访谈方式

【答案】C

【解析】访谈设计的首要一步应明确访谈研究的目的,并将其进一步具体化。在进行访谈设计时,首先需要将一个比较笼统的研究目的和问题变为一个比较具体的限定的研究目的和问题。

(二)访谈的技巧

1. 如何提问

在提问时应做到以下几点:

(1)尽可能按照访谈设计中的问题编排顺序提问,避免对访谈对象进行过分引导,尽可能使访谈在轻松、愉快的气氛中进行。

(2)访谈者发问要口齿清晰,用语准确,口气委婉从容;被访者回答完一个问题之后,访谈者应用简要的概括进行小结,并让被访者证实自己理解的正确性。根据需要,针对有价值的信息做进一步的追问,尽量获取更充分、更丰富的资料。

(3)注意观察被访者谈话时的非语言行为,并在评价和解释谈话内容时加以综合考虑;提问时应注意倾听对方的交流语言,并做必要的回应,以保持访谈对象的积极性。

2. 如何倾听

访谈者倾听时做到以下几点:

(1)访谈者应注意做到有兴趣地倾听被访者的谈话,鼓励其充分地表明自己的态度和观点,不要轻易打断其谈话。

(2)访谈者不仅要认真倾听受访者所发出的声音和语调,而且要设法体察受访者那些尚未说出来的、隐藏在所说话语中的深层含义。

（3）访谈者应调动自己所有的触觉和情感去感受受访者,去积极主动地、有感情地与受访者交往,从而对共同关心的问题达到深入的、建设性的探讨。

（4）当访谈过程中被访者出现沉默时,访谈者要暂时容忍沉默。细心观察受访者当时的非语言性表现（行为、表情等）,根据具体情况再做出相应的反应,而不要为了打破沉默而立刻发问。

3. 如何回应

回应指的是在访谈过程中访谈者对受访者的言行做出反应。回应包括言语反应和非言语反应。

回应的技巧主要有:（1）回应方式多种多样,包括体态语和口语;（2）访谈者在回应时,应尽量避免采用一些大道理或专业性的理论来评说受访者的谈话内容;（3）注意回应时机的恰当性。

4. 如何记录

访谈过程中的记录包括笔录和录音记录。一般来说,在记录的过程中应注意下列事项:（1）访谈前应精心计划好记录方式;（2）访谈过程中应尽可能详细地记录;（3）访谈者与受访者交谈时可保持一定的距离;（4）访谈结束后应尽快整理访谈记录。

5. 如何结束访谈

结束访谈时,一般应注意以下几个方面:（1）访谈时间的把握;（2）结束访谈的时机应适时;（3）以一种尽可能轻松、自然的方式结束访谈;（4）访谈结束时应向受访者的合作表示感谢。

【真题训练】

（2020.10）单项选择题:每次访谈的时间范围一般保持在(　　)。

A. 0.5~1 小时　　　　B. 1~2 小时　　　　C. 2~3 小时　　　　D. 3~4 小时

【答案】B

【解析】访谈应注意时间的把握问题。每次访谈的时间不宜过长,一般在一两个小时为宜。

四、 同步强化练习

（一）单项选择题

1. 根据访谈时是否使用经过严格设计的问卷或提纲,可将访谈分为(　　)。

A. 一般访谈和特殊访谈　　　　　　　　B. 直接访谈和间接访谈

C. 个别访谈和特殊访谈　　　　　　　　D. 结构性访谈和非结构性访谈

2. 电话访谈和网络访谈属于(　　)。

A. 直接访谈　　　　B. 结构性访谈　　　　C. 间接访谈　　　　D. 非结构性访谈

3. 集体访谈进行的方式是(　　)。

A. 座谈会 B. 电话 C. 问卷 D. 网络

4. 在问题中包含了可能的答案,要求被访者对问题中提供的若干种可能的答案进行选择的问题是( )。

A. 开放性问题 B. 结构性问题 C. 封闭性问题 D. 非结构性问题

5. 由访谈者直接提出,由被访者自由作答的问题是( )。

A. 开放性问题 B. 结构性问题 C. 封闭性问题 D. 非结构性问题

6. 下列关于表述访谈问题的注意事项的说法中,不正确的是( )。

A. 访谈问题不能模棱两可

B. 应避免使用容易引起社会性误差的问题

C. 问题的文字表达应尽量使用专业术语

D. 问题的编排顺序应先由一般的开放性问题逐步到具体的封闭性问题

7. 下列关于访谈的回应技巧的说法中,错误的是( )。

A. 回应是指在访谈过程中访谈者对受访者的言行做出的言语反应

B. 回应方式包括体态语和口语

C. 访谈者在回应时,应避免采用专业性的理论来评说受访者的谈话内容

D. 受访者的回答离题较远时,访谈者可采用适当的回应技术将其谈话的范围重新拉回来

8. 下列关于访谈问题的编排顺序,表述正确的是( )。

A. 由具体的封闭性问题逐步到一般的开放性问题

B. 由较小的问题逐步到较大的问题

C. 使访谈对象感到为难、害羞的问题放在最后

D. 以上都正确

(二) 名词解释题

1. 访谈研究

2. 直接访谈

3. 一般访谈

4. 特殊访谈

(三) 简答题

1. 简述学前教育访谈研究的特点。

2. 简述访谈研究的设计程序。

3. 简述访谈前的准备工作。

4. 简述访谈研究进行预谈时的注意事项。

5. 简述访谈记录过程中的注意事项。

(四) 应用分析题

某市幼儿园要求小班教师在暑假期间以结构性访谈的形式对幼儿进行家访,调查父母对待幼儿哭闹行为的态度。

问题：

（1）什么是结构性访谈？结构性访谈有什么优缺点？

（2）如果你是该市幼儿园小班的教师,你会如何设计这次访谈？

五、参考答案及解析

（一）单项选择题

1.【答案】D

【考点】访谈研究的类型

【解析】根据研究者是否对访谈过程进行控制和访谈过程是否使用经过严格设计的问卷或提纲,可以将访谈分为结构性访谈和非结构性访谈。

2.【答案】C

【考点】间接访谈

【解析】间接访谈是访谈者通过一定的中介物与被访谈者进行的访谈,如电话访谈、网络访谈等。

3.【答案】A

【考点】集体访谈

【解析】集体访谈是由一名或数名访谈者同时和两个以上的访谈对象进行的访谈,往往以座谈会的形式进行。

4.【答案】C

【考点】访谈问题的设计

【解析】封闭性问题又称限定性问题,它在问题中包含了可能的答案,要求被访者对问题中提供的若干种可能的答案进行选择。

5.【答案】A

【考点】访谈问题的设计

【解析】开放性问题又称非限定性问题,它是由访谈者直接提出,由被访者自由作答的问题。

6.【答案】C

【考点】访谈问题的设计

【解析】访谈问题的文字表达要适合访谈对象的文化程度和知识经验水平,避免用专业术语。

7.【答案】A

【考点】访谈的倾听技巧

【解析】回应指的是在访谈过程中访谈者对受访者的言行做出反应,包括言语反应和非言语反应。

8.【答案】C

【考点】访谈问题的设计

【解析】访谈问题的编排顺序应先由一般的开放性问题逐步到具体的封闭性问题,由较大的问题逐步到较小的问题,对一些使访谈对象感到为难、害羞之类的问题应放在最后。

（二） 名词解释题

1. **访谈研究**是研究者通过与受访者面对面的交谈,以口头回答的形式来搜集资料的一种调查研究方法。

2. **直接访谈**是指访谈者和被访谈者以面对面的方式进行的访谈。

3. **一般访谈**是指对一般的访谈对象或正常的访谈对象所进行的访谈。

4. **特殊访谈**是指对某些特殊访谈对象(社会名流、儿童、残障人士、犯罪人员等)或有身心疾病的非正常访谈对象所进行的访谈。

（三） 简答题

1. 学前教育访谈研究的特点如下:

（1）整个访谈过程是访谈者与受访者相互影响和相互作用的过程;

（2）访谈研究是访谈者主动与受访者建立积极信赖关系的人际交往过程;

（3）访谈研究具有特定的科学目的和一整套设计、编制和实施的原则。

2. 访谈研究的设计程序如下:

（1）确立研究的目的;

（2）考虑具体的访谈方式和访谈对象;

（3）访谈问题的设计;

（4）做好访谈前的准备工作;

（5）进行预谈并修订访谈计划。

3. 访谈前的准备工作如下:

（1）充分熟悉访谈的内容和程序;

（2）准备好访谈所需的相关材料和设备;

（3）尽可能地了解访谈对象;

（4）确定访谈时间和地点。

4. 访谈研究进行预谈的注意事项如下:

（1）预谈对象应与以后的正式访谈对象是同一群人,即在一定程度上代表着正式的访谈对象;

（2）在预谈过程中应当尽可能做详细的记录;

（3）预谈结束后,应及时根据预谈情况对访谈设计进行修改和完善。

5. 访谈记录过程中的注意事项如下:

（1）访谈前应精心计划好记录方式;

（2）访谈过程中应尽可能详细地记录,不仅要记录受访者的言语性信息,而且还要记录其非言语信息和具体的背景;

（3）访谈者与受访者可保持一定的距离交谈,从而避免因受访者关注谈话记录而影响访谈质量；

（4）访谈结束后应尽快整理访谈记录。

（四） 应用分析题

（1）结构性访谈又称标准化访谈，是指访谈者按照统一的设计要求和事先规定的访谈内容依次向访谈对象提问，并要求受访者按规定的标准回答提问的正式访谈。

结构性访谈的最大好处在于，访谈结果易于统计分析，对不同受访者的回答可进行比较分析。但这种方法缺乏弹性，较呆板，不利于对问题进行深入讨论，也不利于访谈双方积极性的发挥。

（2）略。

第七章
如何进行问卷调查

一、 教材知识思维导图

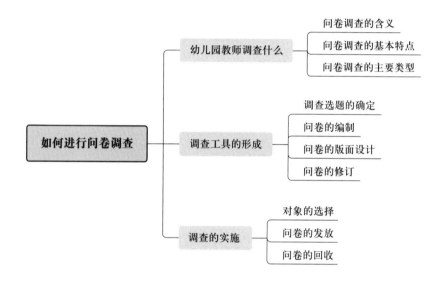

二、 本章重难点知识概要

重点知识:问卷调查的含义;问卷调查的基本特点;问卷调查的主要类型;问卷的编制;问卷的版面设计;问卷对象的选择;问卷发放的常见方法;问卷回收的注意事项。

难点知识:根据问卷调查的需要综合运用不同的抽样方法;在问卷调查中科学地发放和回收问卷。

学习建议:本章主要学习问卷调查的基本理论、设计要求和实施要领,问卷调查是生活中常见的研究方法,可联系实际加深记忆。

三、 重难点知识精讲

考点一：幼儿园教师调查什么

（一）问卷调查的含义

问卷调查,也称问卷法,是调查者利用事先设计好的问题,以书面形式向被调查者了解情况或征询意见,然后对问题的答案进行回收、整理和分析,从而获取相关信息的一种研究方法。

（二）问卷调查的基本特点

1.问卷调查的优点

（1）调查工具的统一性;

（2）调查方式的灵活性;

（3）调查范围的广泛性;

（4）调查内容的深入性;

（5）调查过程的匿名性;

（6）调查结果的客观性。

2.问卷调查的局限

（1）调查对象的限制性;

（2）调查内容的固定性;

（3）调查设计的复杂性;

（4）调查过程的难控性。

（三）问卷调查的主要类型

在教育科研中,人们最常见的问卷调查主要有四种类型,即开放型问卷调查、封闭型问卷调查、半开放型问卷调查和图画型问卷调查。

1.开放型问卷调查

开放型问卷调查也叫非结构型问卷调查,调查者所用的问卷没有严格的结构,在问卷中只提出问题,不对问题提供具体答案,而由被调查者根据个人的意愿用自己的语言自由作答。开放型问卷调查通常以问答题的形式出现。

开放型问卷调查的优点:开放型问卷通常能获得更多、更深入的信息,有时还会发现一些意想不到、很有启发性的信息。

开放型问卷调查的局限性:

（1）答案的标准化程度低,不集中,材料分散;

（2）对问题进行整理和分析时比较困难,既不利于量化,也不利于进行横向比较;

（3）由于被调查者在回答问题时有很大的自主性,所收集的资料中会出现许多一般化的、不准确的、无价值的信息;

（4）开放型问卷调查通常要求被调查者具有较强的文字表达能力,通常需要被调查者花费较多的时间和精力,从而就有可能降低问卷的回收率和有效率等。

【真题训练】

（2021.10）单项选择题:开放型问卷调查也叫（ ）。

A. 非封闭型问卷调查　　　　　　　　B. 结构型问卷调查

C. 非隐私型问卷调查　　　　　　　　D. 非结构型问卷调查

【答案】D

【解析】开放型问卷调查也叫非结构型问卷调查,调查者所用的问卷没有严格的结构,在问卷中只提出问题,不对问题提供具体答案,而由被调查者根据个人的意愿用自己的语言自由作答。

2. 封闭型问卷调查

封闭型问卷调查也叫结构型问卷调查,调查者所用的问卷具有严格的结构,在问卷中不仅提出了具体的问题,而且还提供了可选择的答案,被调查者只能在所限定的范围内挑选出答案,而不能选择这些答案之外的回答。封闭型问卷调查通常以选择题的形式出现。

封闭型问卷调查的优点:封闭型问卷调查有利于对收集到的资料进行统计分析和量化处理,也提高了资料获得的深入性,大大提高了研究的客观性和科学性。

封闭型问卷调查的局限性:

（1）问卷的设计比较复杂,调查的过程比较烦琐,结果的统计分析也相当麻烦;

（2）问卷的回答方式机械呆板,缺乏弹性,很难适应复杂多变的实际情况,不利于研究者发现新的问题,所得的材料不够深入详尽;

（3）容易使被调查者产生随便选择或猜答的现象,从而降低回答的真实性和可靠性。

【真题训练】

（2020.10）单项选择题:调查者所用的问卷具有严格的结构属于（ ）。

A. 封闭型问卷调查　　　　　　　　　B. 半开放型问卷调查

C. 非结构型问卷调查　　　　　　　　D. 图画型问卷调查

【答案】A

【解析】封闭型问卷调查也叫结构型问卷调查,调查者所用的问卷具有严格的结构,在问卷中不仅提出了具体的问题,而且还提供了可选择的答案,被调查者只能在所限定的范围内挑选出答案,而不能选择这些答案之外的回答。

3. 半开放型问卷调查

半开放型问卷调查,也叫半封闭型问卷调查或半开放半封闭型问卷调查,调查者所用的问卷是开放型问题和封闭型问题相结合而组成的问卷。

半开放型问卷调查的优点:半开放型问卷调查通常以选择题和问答题混合的形式出现,这样既能发挥开放型问卷和封闭型问卷的优点,又能弥补它们的不足。问卷中的某些开放型问题在积累一定材料的基础上就有可能转变为封闭型问题,为下一步的研究奠定基础。

半开放型问卷调查的局限性:

(1)既有封闭型问题,也有开放型问题,因此,问卷的编制比较复杂,也不利于对问卷统一进行数据处理;

(2)被调查者在填答问题时,往往感觉比较烦琐,缺乏兴趣,容易造成他们拒绝填写或随便应付,降低了问卷的回收率,也减少了问卷的真实性。

4. 图画型问卷调查

图画型问卷调查,指的是研究者所用的问卷是以生动形象的图画形式向被调查者提出问题,被调查者依据问卷要求选出适合自己的答案。

图画型问卷比较直观,而且浅显易懂,容易引起被调查者的兴趣,便于回答,适用于幼儿和文化程度较低的被调查者;主要缺点是问卷制作比较复杂、困难。

【真题训练】

(2018.4)单项选择题:下列问卷调查方式中,适用于幼儿或文化程度较低的被调查者的为(　　)。

A. 开放型问卷调查　　　　　　　　　B. 图画型问卷调查

C. 封闭型问卷调查　　　　　　　　　D. 半开放型问卷调查

【答案】B

【解析】图画型问卷比较直观,而且浅显易懂,容易引起被调查者的兴趣,便于作答,适用于幼儿和文化程度较低的被调查者,被调查者只要依照图画的示意就可以作答,有时不识字也能作出选择,主要缺点是问卷制作比较复杂、困难。

考点二:调查工具的形成

(一)调查选题的确定

1. 选题的意义

选题不仅是问卷调查的开端,更是问卷调查的关键。

2. 选题的原则

一般在选题的时候,应当遵循以下原则:(1)价值性原则;(2)可行性原则;(3)创新性原则。

【真题训练】

(2021.10)单项选择题:问卷调查的目的、方向、大小、难易等应与研究者的主客观条件相符合的选题原则,称为(　　　)。

A. 创新性原则　　　　B. 价值性原则　　　　C. 可行性原则　　　　D. 伦理性原则

【答案】C

【解析】可行性原则,问卷调查的目的、方向、大小、难易等应与研究者的主客观条件相符合,既要考虑自己的专业知识水平和学术研究的兴趣、自身分析问题和解决问题的实际能力,也要考虑时间、资料、课题的相关研究等客观因素。

(二)问卷的编制

通常情况下,一份完整的问卷应当包括以下几个部分:标题、说明信、指导语、个人背景信息、问题与答案、结束语等。

1. 标题

标题通常放在调查问卷的最上方。问卷的标题在拟定时应以简短、明确的词语恰当地概括整个调查的核心内容。应避免使用缩略词和缩写字,题目一般不宜超过 25 个字,必要时可增加副标题。调查者针对某些敏感问题时可以在问卷标题中不说明调查的真正目的,或者把标题写得笼统一些。

2. 说明信

通常情况下,说明信应当包括以下几个方面的内容:① 问卷调查的内容;② 问卷调查的目的;③ 具体填答要求;④ 保密承诺;⑤ 致谢语;⑥ 调查者单位;⑦ 问卷制订的时间。

3. 指导语

指导语是调查者按照自己的要求,指导被调查者如何正确填写问卷和回答问题的注意事项,主要目的是防止被调查者作答时出现问题,从而提高问卷调查的质量,这一部分内容通常放在问题与选项的上面。

4. 个人背景信息

在调查研究中,个人背景信息主要用来了解被调查者的个人背景信息和基本情况。一般教育调查研究所需要的个人背景信息主要包括个人基本状况、受教育状况、家庭环境状况等。个人背景信息的收集可采用问答的形式、选择的形式,或问答和选择的混合形式。

5. 问题与答案

(1)问题设计的基本要求。

① 问题内容要与调查主体保持一致;

② 语句表述尽量明确、具体;

③ 问题要尽量简洁明了;

④ 尽量不用否定形式的语句进行提问;

⑤ 避免提问带有诱导性;

⑥ 不问被调查者可能不知道的问题;

⑦ 合理设计敏感性问题;

⑧ 问题的数量要适度。

（2）问题排序的常用规则。

① 被调查者熟悉的、简单易懂的问题放在前面,比较生疏、较难回答的问题放在后面;

② 把能引起被调查者兴趣的问题放在前面,把容易引起被调查者紧张和顾虑的问题放在后面;

③ 把开放式问题放在问卷的结尾部分;

④ 先问行为方面的问题,再问态度方面的问题,最后问有关个人的背景资料;

⑤ 按照从一般到特殊的顺序进行排列。

（3）答案设计的基本要求。

① 答案的设计应符合被调查者的实际情况;

② 答案必须具有穷尽性;

③ 答案之间应当具有互斥性。

【真题训练】

（2021.10）单项选择题:在问卷中,"医生认为抽烟是有害健康的,您的看法如何?"这个题目违背了问题设计的哪项基本要求?（　　　）

A. 问题尽量不用否定式提问　　　　　B. 避免提问带有诱导性

C. 合理设计敏感性问题　　　　　　　D. 问题尽量简洁明了

【答案】B

【解析】要避免提问方式对被调查者形成诱导,即避免使被调查者感到研究者提该问题是想得到某种特定的回答,或是在鼓励他、期待他做出某种回答。在问题中引用或列举某种权威的话,会使问题带有诱导性,比如"医生认为抽烟是有害的,您的看法如何?"

6. 结束语

结束语是通过一条短句或者一个问题表示问卷的填写到此结束。

结束语主要包括以下几方面的内容:① 再致感谢辞;② 请被调查者再次检查或复核问卷的填写内容;③ 最后一个终结性问题;④ 调查者的联系方式;⑤ 最后一页或问卷到此结束的提示。

（三）问卷的版面设计

问卷的版面设计是指在有限的版面空间里,将版面的各个组成部分根据内容的需要,运用造型要素及形式原理进行排列组合,把问卷的构思和设计以视觉形式表达出来。

问卷版面设计时,通常应注意以下几个方面:（1）主题鲜明;（2）内容简洁;（3）比例协调;（4）格式统一。

（四）问卷的修订

问卷修订的方法有访谈调查、开放式问卷调查法、专家评价法和小样本预试法。

考点三：调查的实施

通常情况下,问卷的实施环节主要包含三个基本步骤:对象的选择、问卷的发放和问卷的回收。

（一）对象的选择

1. 抽样的含义

抽样,也叫取样,是指研究者从一个总体中,抽取一部分具有代表性的个体作为研究对象,然后采用统计学的原理与方法,通过对这些个体的研究从而推断总体的情况。研究者所抽取的那一部分个体叫作样本,研究者所要研究的所有对象叫作总体。

2. 抽样的方法

在问卷调查中,人们通常采用概率抽样。常见的概率抽样方法有:简单随机抽样、系统随机抽样、分层随机抽样、整群随机抽样。

简单随机抽样是以随机为原则的最基本的抽样方法。它是根据随机原则在总体中直接抽取若干个体为样本,在随机抽样中,总体中每一个个体被抽取的概率是均等的,而且个体之间是彼此独立的。简单随机抽样是概率抽样中运用最广泛、最简便易行的方法,是其他抽样方法的基础。

系统随机抽样又称为等距抽样或机械抽样,是把总体中的所有个体按某种顺序排列编号,然后依固定的间隔抽取样本(间隔的大小视总体与样本数量的比率而定)。

分层随机抽样又称分类抽样或配额抽样,是将总体按某一属性或特征分成若干层次或类别(子总体),然后以各层或分类在总体中所占的比重,按比例随机抽取样本。

整群随机抽样就是以自然群体(学校、班级等)为单位,从较大的群总体中随机抽取样本,整群随机抽样与其他抽样方式的区别在于,它的样本单位是群体,而不是个体。

【真题训练】

1.(2021.10)单项选择题:概率抽样中运用最广泛、最简便易行的方法为(　　)。
A. 简单随机取样　　　B. 系统随机取样　　　C. 分层随机取样　　　D. 整群随机取样
【答案】A
【解析】简单随机抽样是概率抽样中运用最广泛、最简便易行的方法,是其他抽样方法的基础。

2.(2019.10)单项选择题:等距抽样又称为(　　)。
A. 简单随机抽样　　B. 分层随机抽样　　　C. 整群随机抽样　　　D. 系统随机抽样
【答案】D
【解析】系统随机抽样又称为等距抽样或机械抽样,是把总体中的所有个体按某种顺序排列编号,然后依固定的间隔抽取样本(间隔的大小视总体与样本数量的比率而定)。

3.(2020.10)单项选择题:配额抽样指的是(　　)。

A. 等距抽样　　　　　B. 整群随机抽样　　　　C. 系统随机抽样　　　　D. 分层随机抽样

【答案】D

【解析】分层随机抽样又称分类抽样或配额抽样,是将总体按某一属性或特征分成若干层次或类别(子总体),然后以各层或分类在总体中所占的比重,按比例随机抽取样本。

【知识延伸】

抽样方法举例

有某批产品共 1 000 件,分装在 20 个箱子里,每箱各装 50 件,现在想获取 100 件产品作为样本进行质量检测。

简单随机抽样:将 20 箱产品倒在一起,混合均匀,并将产品从 1~1 000 编号,然后用查随机数表或抽签的方法从中抽出编号毫无规律的 100 件产品组成样本。

系统随机抽样:将 20 箱产品倒在一起,混合均匀,并将产品从 1~1 000 编号,然后用查随机数表或抽签的方法先决定起始编号,按相同的尾数抽取 100 件产品组成样本。

分层随机抽样:20 箱产品,每箱都随机抽取 5 件产品,共 100 个组成样本。

整群随机抽样:先从 20 箱产品中随机抽出 2 箱,该 2 箱产品组成样本。

3. 样本容量的确定

样本容量又称样本数,是指一个样本的必要抽样单位数目。

样本是从总体中抽出的部分单位集合,这个集合的大小就叫作样本量。一般来说,样本容量大的话,样本的误差就小,反之则大。通常样本单位数大于 30 的样本可称为大样本,小于 30 的样本则称为小样本。

确定样本容量大小的考虑因素有:① 研究目的;② 研究经费和研究时间;③ 研究问题的特点;④ 研究所采取的抽样方法;⑤ 研究对象总体的同质性;⑥ 研究实施过程中的具体情况;⑦ 研究所使用测量工具的可靠性。

（二）问卷的发放

最常见的问卷发放方式主要有三种:亲自到现场发放、委托别人发放和通过邮寄发放。

亲自到现场发放,是指调查者利用一定的方式,把被调查者集中在某一地点,在开展调查之前,调查者亲自向被调查者说明调查的用途和正确的填答方法。

委托别人发放,是指调查者由于各种原因不能亲自到现场发放问卷,而代请别人进行发放的方式。

通过邮寄发放,是指调查者通过邮寄的方式向被调查者寄发问卷,并要求他们按照规定的要求填答问卷,被调查者填答后再将问卷寄回给调查者。

【真题训练】

(2021.10)单项选择题:常见的问卷发放方式中,效果最好的是(　　)。

A. 亲自到现场发放　　　B. 委托别人发放　　　C. 通过邮寄发放　　　D. 通过网络发放

【答案】A

【解析】最常见的问卷发放方式主要有三种:亲自到现场发放、委托别人发放和通过邮寄发放。亲自到现场发放是三种常见问卷发放方式中效果最好的。

(三)问卷的回收

一般来说,回收率在30%左右的问卷,资料只能作为参考;回收率在50%~69%时,可以采纳建议;当回收率达到70%时,方可作为研究结论的依据。因此,问卷的回收率一般不少于70%。

影响问卷回收率的主要因素有:① 调查组织工作的严密程度;② 调查课题的吸引力;③ 问卷填写的难易程度;④ 问卷回收的可控制程度等。

【真题训练】

(2021.10)单项选择题:可以作为研究结论的依据时,问卷的回收率应至少达到(　　)。

A. 50% 　　　　　　B. 60% 　　　　　　C. 70% 　　　　　　D. 80%

【答案】C

【解析】一般来说,回收率在30%左右的问卷,资料只能作为参考;回收率在50%~69%时,可以采纳建议;当回收率达到70%时,方可作为研究结论的依据。因此,问卷的回收率一般不少于70%。

四、 同步强化练习

(一) 单项选择题

1. 下列关于问卷调查优点的表述中,错误的是(　　)。

A. 问卷调查的方式统一

B. 问卷调查方式灵活、方便,有利于调查的实施

C. 问卷调查大多使用封闭型问卷,具有良好的信度和效度

D. 问卷调查研究中,被调查者可以把问题回答得更为深入

2. 在教育科研中,问卷调查的主要类型不包括(　　)。

A. 开放型问卷调查 　　　　　　　　　　B. 封闭型问卷调查

C. 描述型问卷调查 　　　　　　　　　　D. 图画型问卷调查

3. 开放型问卷调查问题通常出现的形式是(　　)。

A. 选择题 　　　　　　　　　　　　　　B. 图画

C. 问答题 　　　　　　　　　　　　　　D. 选择题和问答题混合

4. 研究者进行调查的出发点和归宿是问卷调查研究的(　　)。

A. 价值 　　　　　　B. 选题 　　　　　　C. 创新 　　　　　　D. 方向

5. 问卷调查选题的原则不包括(　　)。

A. 价值性原则 　　　　　B. 可行性原则 　　　　　C. 创新性原则 　　　　　D. 伦理性原则

6. 下列关于调查问卷标题的说法中,错误的是(　　　)。

A. 标题一般不宜超过 25 个字

B. 过长时可使用缩略词和缩写字

C. 必要时可增加副标题

D. 针对某些敏感问题可把标题写得笼统一些

7. 在问卷标题下面向被调查者简要介绍问卷调查的主要目的、意义、研究者的身份等信息一段文字是问卷调查的(　　　)。

A. 指导语 　　　　　B. 关键词 　　　　　C. 说明信 　　　　　D. 背景信息

8. 教育调查研究所需要的个人背景信息一般不包括(　　　)。

A. 个人基本状况 　　　　B. 受教育状况 　　　　C. 家庭环境状况 　　　　D. 基本价值观

9. 下列关于调查问卷结束语的说法中,错误的是(　　　)。

A. 最好在问卷的结尾处编写一段结束语

B. 全部由封闭型问题组成的问卷或者量表可以不设置结束语

C. 结束语形式多样,没有一致的形式和内容

D. 结束语是调查问卷必不可少的一部分

10. 下列不属于问卷修订方法的是(　　　)。

A. 访谈调查 　　　B. 封闭式问卷调查法 　C. 专家评价法 　　　D. 小样本预试法

11. 小样本预试法是在正式调查的总体中抽取一个小样本进行试探性调查,准备问卷初稿的份数一般是(　　　)。

A. 10～50 份 　　　　B. 30～100 份 　　　　C. 50～120 份 　　　　D. 100～150 份

12. 问卷实施环节的基本步骤不包括(　　　)。

A. 对象的选择 　　　　B. 问卷的发放 　　　　C. 问卷的回收 　　　　D. 问卷的统计

13. 在问卷调查中,人们通常采用(　　　)。

A. 概率抽样 　　　　B. 非概率抽样 　　　　C. 随机抽样 　　　　D. 非随机抽样

14. 把总体中的所有个体按某种顺序排列编号,然后依固定的间隔抽取样本的抽样方法是(　　　)。

A. 简单随机抽样 　　　B. 系统随机抽样 　　　C. 分层随机抽样 　　　D. 整群随机抽样

15. 通常情况下大样本是指样本单位数大于(　　　)。

A. 10 　　　　　B. 30 　　　　　C. 50 　　　　　D. 100

16. 常见的问卷发放方式中,最简便的是(　　　)。

A. 亲自到现场发放 　　B. 委托别人发放 　　　C. 通过邮寄发放 　　　D. 通过网络发放

（二）名词解释题

1. 问卷调查

2. 指导语

3. 访谈调查

4. 简单随机抽样

5. 样本容量

（三）简答题

1. 简述问卷调查的局限性。

2. 简述调查问卷问题排序的基本要求。

3. 简述调查问卷答案设计的基本要求。

4. 简述问卷版面设计的注意事项。

5. 简述影响问卷回收率的主要因素。

（四）论述题

试述调查问卷问题设计的基本要求。

（五）应用分析题

下面是一份面向幼儿园教师的调查问卷。

1. 您对幼儿歌唱音准的态度是(　　　)

A. 没有必要关注　　　B. 有必要关注　　　　C. 其他_____

2. 您认为是否有必要纠正幼儿唱歌走音？

A. 有必要　　　　　　B. 无必要　　　　　　C. 其他_____

3. 您认为是不是能够改变幼儿唱歌走音的现象？

A. 有可能　　　　　　B. 不太可能　　　　　C. 其他_____

4. 您认为导致走音现象的原因是什么？

答：_____

5. 您是如何看待幼儿倾听习惯问题的？

答：_____

6. 您认为在进行歌曲教学的时候是不是需要钢琴伴奏？

A. 是　　　　　　　　B. 否

原因：_____

问题：

（1）问卷调查的主要类型有哪些？判断该问卷调查属于什么类型并简述其定义。

（2）该问卷结构是否完整？问卷的编制包括哪几个部分？

五、参考答案及解析

（一）单项选择题

1.【答案】A

【考点】问卷调查的优点

【解析】虽然问卷调查要求利用统一的问卷进行调查，但是实际调查方式并不要求统一。

2.【答案】C

【考点】问卷调查的主要类型

【解析】在教育科研中,人们最常见的问卷调查主要有四种类型,即开放型问卷调查、封闭型问卷调查、半开放型问卷调查和图画型问卷调查。

3.【答案】C

【考点】开放型问卷调查

【解析】开放型问卷调查通常以问答题的形式出现,被调查者不受调查者和题目答案界定范围的限制,灵活性大、适应性强。

4.【答案】A

【考点】选题的原则

【解析】问卷调查研究的价值是研究者进行调查的出发点和归宿,只有问卷调查具有一定的学术价值或应用价值,研究者所做的努力才会有意义,如果问卷调查研究对学术没有任何贡献,也不能在社会中得到应用,那么这项调查是对人力、物力、财力和时间的浪费,没有任何的意义。

5.【答案】D

【考点】选题的原则

【解析】一般在选题的时候,应当遵循以下原则:(1)价值性原则;(2)可行性原则;(3)创新性原则。

6.【答案】B

【考点】问卷的标题

【解析】问卷的标题在拟定时应以简短、明确的词语恰当地概括整个调查的核心内容。应避免使用缩略词和缩写字,题目一般不宜超过 25 个字,必要时可增加副标题。

7.【答案】C

【考点】问卷的说明信

【解析】为了向被调查者简要介绍问卷调查的主要目的、意义、研究者的身份等信息,通常在问卷的标题下面要有一段文字作为问卷调查的开场白,这段文字就是问卷调查的说明信。

8.【答案】D

【考点】问卷的个人背景信息

【解析】一般教育调查研究所需要的个人背景信息主要包括以下几个方面:个人基本状况、受教育状况、家庭环境状况等。

9.【答案】D

【考点】调查问卷的结束语

【解析】结束语并不是所有问卷都需要的,而且形式比较多样,没有一致的形式和内容。出于礼貌和整体的考虑,建议最好在问卷的结尾处编写一段结束语。

10.【答案】B

【考点】问卷修订的方法

【解析】问卷修订的方法有访谈调查、开放式问卷调查法、专家评价法和小样本预试法。

11.【答案】B

【考点】小样本预试法

【解析】小样本预试法是将问卷初稿打印若干份,具体份数视调查样本决定,一般是30~100份,也就是在正式调查的总体中抽取一个小样本进行试探性调查,从而对调查问卷进行修改完善,确保问卷设计科学、合理,以保证问卷调查的活动目的顺利实现。

12.【答案】D

【考点】问卷实施的基本步骤

【解析】通常情况下,问卷的实施环节主要包含三个基本步骤:对象的选择、问卷的发放和问卷的回收。

13.【答案】A

【考点】抽样的方法

【解析】在问卷调查中,人们通常采用概率抽样。概率抽样就是每个研究对象被抽取的概率是已知的,抽样的方式是随机的,提高了问卷调查的科学性和代表性。

14.【答案】B

【考点】抽样的方法

【解析】系统随机抽样又称为等距抽样或机械抽样,是把总体中的所有个体按某种顺序排列编号,然后依固定的间隔抽取样本(间隔的大小视总体与样本数量的比率而定)。

15.【答案】B

【考点】样本容量的确定

【解析】通常样本单位数大于30的样本可称为大样本,小于30的样本则称为小样本。在实际应用中,我们应该根据调查的具体情况认真考虑样本量的大小。

16.【答案】C

【考点】问卷的发放

【解析】最常见的问卷发放方式主要有三种:亲自到现场发放、委托别人发放和通过邮寄发放。邮寄发放是三者之中最简便的发放方式,不仅可以节省很多时间和人力,而且也可以甄选问卷发放的对象,有利于提高抽样的代表性。

（二）名词解释题

1. **问卷调查** 也称问卷法,是调查者利用事先设计好的问题,以书面形式向被调查者了解情况或征询意见,然后对问题的答案进行回收、整理和分析,从而获取相关信息的一种研究方法。

2. **指导语** 是调查者按照自己的要求,指导被调查者如何正确填写问卷和回答问题的注意事项,主要目的是防止被调查者作答时出现问题,从而提高问卷调查的质量,这一部分内容通常放在问题与选项的上面。

3. **访谈调查** 是访谈者根据调查的需要,以口头形式,向被访者提出有关问题,通过被访者的答复来收集客观事实材料的方法。

4. 简单随机抽样是以随机为原则的最基本的抽样方法。它是根据随机原则在总体中直接抽取若干个个体为样本,在随机抽样中,总体中每一个个体被抽取的概率是均等的,而且个体之间是彼此独立的。

5. 样本容量又称样本数,是指一个样本的必要抽样单位数目。

（三） 简答题

1. 问卷调查的局限性为:

（1）调查对象的限制性;

（2）调查内容的固定性;

（3）调查设计的复杂性;

（4）调查过程的难控性。

2. 调查问卷问题排序的基本要求是:

（1）被调查者熟悉的、简单易懂的问题放在前面,比较生疏、较难回答的问题放在后面;

（2）把能引起被调查者兴趣的问题放在前面,把容易引起被调查者紧张和顾虑的问题放在后面;

（3）把开放式问题放在问卷的结尾部分;

（4）先问行为方面的问题,再问态度方面的问题,最后问有关个人的背景资料;

（5）按照从一般到特殊的顺序进行排列。

3. 调查问卷设计的基本要求是:

（1）答案的设计应符合被调查者的实际情况;

（2）答案必须具有穷尽性;

（3）答案之间应当具有互斥性。

4. 问卷版面设计的注意事项为:（1）主题鲜明;（2）内容简洁;（3）比例协调;（4）格式统一。

5. 影响问卷回收率的主要因素有:（1）调查组织工作的严密程度;（2）调查课题的吸引力;（3）问卷填写的难易程度;（4）问卷回收的可控制程度等。

（四） 论述题

调查问卷设计的基本要求如下:

（1）问题内容要与调查主体保持一致;

（2）语句表述尽量明确、具体;

（3）问题要尽量简洁明了;

（4）尽量不用否定形式的语句进行提问;

（5）避免提问带有诱导性;

（6）不问被调查者可能不知道的问题;

（7）合理设计敏感性问题;

（8）问题的数量要适度。

（五）　应用分析题

（1）问卷调查的主要类型包括开放型问卷调查、封闭型问卷调查、半开放型问卷调查和图画型问卷调查。

该问卷调查属于半开放型问卷调查。半开放型问卷调查，也叫半封闭型问卷调查或半开放半封闭型问卷调查，调查者所用的问卷是开放型问题和封闭型问题相结合而组成的问卷。

（2）该问卷结构不完整。一份完整的问卷应当包括标题、说明信、指导语、个人背景信息、问题与答案、结束语等。本例中的调查问卷只是设计了问题，其他各部分均缺失。

一、 教材知识思维导图

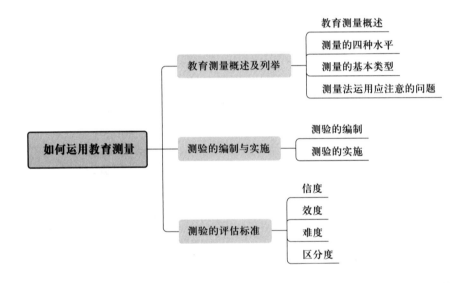

二、 本章重难点知识概要

重点知识:教育测量的基本概念和基本要素;测量的四种水平;测量的基本类型;测量法运用应注意的问题;测验的评估标准。

难点知识:测验的编制;测验的实施。

学习建议:学习本章的内容可以尝试着做一些简单的测验,体悟测验的编制与使用思路,并可以尝试自编测验。

三、 重难点知识精讲

考点一：教育测量概述及测验列举

（一）教育测量概述

测量学家克林格给测量下的定义是：测量就是按规则给对象或事物赋值。

从教育研究方法的角度看，测量法是用一组标准化测验，按照规定的程序，通过对研究对象的实际测定来收集数据资料的研究方法。

测量一般具备以下几个基本要素：

（1）测量客体——测量的对象；

（2）测量内容——测量客体的属性和特征；

（3）测量法则——测量的准则或方法；

（4）测量工具——测量的指标体系。

【真题训练】

（2019.10）单项选择题：下列属于测量工具的是（　　　）。

A. 量表　　　　　　　B. 现象　　　　　　　C. 特征　　　　　　　D. 准则

【答案】A

【解析】测量工具指测量的指标体系。在教育研究中通常要借助于标准化测验或量表这类工具对测量客体的属性和特征进行测定，没有工具，测量难以进行。

（二）测量的四种水平

测量某一事物，需要有测量工具，这一工具应具有单位和参照点，并有表示量数的方法，我们把这种工具称为量表。

通常可把量表分为四种不同水平的类型。

1. 称名量表

称名量表亦称类别量表，是指用数字来代表事物的名称或类别。它只是对个体和事物进行简单归类，既没有数量关系，也没有单位和零点。

称名量表的数字不能作大小比较或进行加、减、乘、除运算，仅有符号的区分性，在数据处理上仅适宜作记数资料的统计，如百分比、χ^2检验等。

【真题训练】

（2020.10）单项选择题：下列量表中，在数据处理上仅适宜作记数资料统计的量表是（　　　）。

A. 顺序量表　　　　　B. 等距量表　　　　　C. 称名量表　　　　　D. 比率量表

【答案】C

【解析】称名量表的数字不能作大小比较或进行加、减、乘、除运算,仅有符号的区分性,在数据处理上仅适宜作记数资料的统计,如百分比、χ^2检验等。

2. 顺序量表

顺序量表亦称等级量表,是按照类别的大小或事物某种属性的重要性把一些项目排出等第次序的量表。顺序量表只有等级顺序而无等值的单位和绝对零点。

顺序量表的数值具有等级性和序列性的特点,能够进行大小比较,但不能作加、减、乘、除运算,在数据处理上能用中位数、百分比、等级相关系数等统计方法。

【真题训练】

(2021.10)单项选择题:测量结果具有相等的单位但没有绝对零点的量表是(　　)。

A. 顺序量表　　　　　B. 称名量表　　　　　C. 比率量表　　　　　D. 等距量表

【答案】A

【解析】顺序量表亦称等级量表。顺序量表只有等级顺序而无等值的单位和绝对零点,它是按照类别的大小或事物某种属性的重要性把一些项目排出等第次序。

3. 等距量表

等距量表亦称间距量表,是一种具有相等的单位,但没有绝对零点的量表。等距量表的数量单位之间的差异是等距的。

等距量表可以进行加、减运算,但不能作乘、除运算。等距量表可以广泛运用统计方法,如平均数、标准差、相关及各种统计假设检验。

【真题训练】

(2018.10)单项选择题:下列量表可以进行加、减运算但不能进行乘、除运算的是(　　)。

A. 顺序量表　　　　　B. 称名量表　　　　　C. 比率量表　　　　　D. 等距量表

【答案】D

【解析】由于等距量表有相等的单位,故可以进行加、减运算,但不能作乘、除运算。等距量表可以广泛运用统计方法,如平均数、标准差、相关及各种统计假设检验。

4. 比率量表

比率量表亦称等比量表,是一种具有相等的单位和绝对零点的量表。

比率量表有一个具有实际意义的绝对零点,可作加、减、乘、除、乘方、开方运算,故可表示倍数关系。比率量表是4种量表中层次最高、包含信息最多的量表。

【真题训练】

(2019.10)单项选择题:具有相等的单位和绝对零点的量表是(　　)。

A. 顺序量表　　　　　　B. 称名量表　　　　　C. 比率量表　　　　　D. 等距量表

【答案】C

【解析】比率量表亦称等比量表,是一种具有相等的单位和绝对零点的量表。比率量表除了具有称名量表、顺序量表、等距量表的特征外,还有一个具有实际意义的绝对零点。

【知识延伸】

四类量表辨析

量表类型	相等单位	绝对零点	运算	统计方法	举例
称名量表	×	×	×	百分比、次数、众数、χ^2检验	性别、学号
顺序量表	×	×	×	中位数、百分位数、等级相关系数	名次
等距量表	√	×	+、-	平均数、标准差、积差相关、统计假设检验	温度、标准分
比率量表	√	√	+、-、×、÷、乘方、开方	几何平均数、变异系数及等距量表可用方法	年龄、身高

（三）测量的基本类型

1. 按行为目标和测验内容分类

按行为目标和测验内容分类,测量可分为智力测验、能力倾向测验、成就测验、个性人格测验。

（1）智力测验。

智力测验是测量智力的工具。测被试的智力高低,其结果常以智商(IQ)来表示,较著名的智力测验有斯坦福—比奈测验、韦克斯勒智力测验等。

① 比奈—西蒙智力测验。

1905 年,法国心理学家比奈及其助手西蒙联名发表了《诊断异常儿童智力的新方法》一文,由此,第一个智力量表比奈—西蒙量表(B-S 量表)问世。这套测验由 30 个从易到难的题目组成,以完成题目的数量来确定儿童的智力高低。

在美国,比奈—西蒙量表最成功的修订版是斯坦福—比奈量表,它出版于 1916 年。特曼在修订该量表时提出了比率 IQ 的概念、IQ = 100(MA/CA)的计算公式,这在心理测验史上是第一次。

1924 年陆志韦根据 1916 年斯坦福—比奈量表第一次修订出版了《中国比奈—西蒙智力测验》一书;1936 年陆志韦和吴天敏第二次修订中国比奈量表;1981 年吴天敏第三次修订出版了《中国比奈测验》。

【真题训练】

（2018.10）单项选择题:比奈—西蒙量表共包括的项目数为(　　　)。

A. 30　　　　　　B. 40　　　　　　C. 50　　　　　　D. 60

【答案】A

【解析】比奈—西蒙量表(B-S量表)由30个从易到难的题目组成,以完成题目的数量来确定儿童的智力高低。

② 韦氏学龄前期和学龄初期儿童智力量表(WPPSI,适用于4~6.5岁)。

WPPSI有11个分测验,但只有10个分测验用于计算IQ。WPPSI在施测时,语言和操作各分测验是交替进行的。考夫曼曾用两个语言分测验(算术和理解)和两个操作分测验(木块图案和图画补缺)将WPPSI组成简捷式结构。

③ 格塞尔发展顺序量表。

格塞尔及其同事于20世纪40年代发表了格塞尔发展顺序量表,以测查自出生后4周到6岁的婴幼儿的发展状况。格塞尔量表主要从4方面对婴幼儿的行为进行测查:动作、顺应、言语和社会应答。

格塞尔发展量表共有63个项目,但对不同月龄的儿童来说,通过与否的标准不一样,所以相当于有几倍的63个项目。这个量表有8张分量表。

格塞尔提出了儿童发展商数(DQ)的概念。发展商数等于测得的成熟年龄与实际年龄之比乘以100,即$DQ = (MA/CA) \times 100$(其中,MA为测得的成熟年龄;CA为实际年龄)。

【真题训练】

(2019.10)单项选择题:格塞尔发展顺序量表包含的项目数是(　　　)。

A. 30　　　　　　B. 36　　　　　　C. 52　　　　　　D. 63

【答案】D

【解析】格塞尔发展量表共有63个项目,但对不同月龄的儿童来说,通过与否的标准不一样,所以相当于有几倍的63个项目。

④ 贝利婴幼儿发展量表。

贝利于1933年发表了贝利婴幼儿发展量表,适用的年龄范围是2个月至30个月,它的前身是加州1岁婴儿智力量表。贝利婴幼儿发展量表有3个分量表:心理量表、动作量表和婴儿行为记录表。

(2) 能力倾向测验。

能力倾向测验是测被试某种潜在的能力,以了解其发展的可能性,如音乐、美术、体育、创造力、想象力、记忆力等方面的特殊才能。

(3) 成就测验。

成就测验是测被试经某种形式的学习后,对知识、技能的掌握程度或熟练水平,如识字量、阅读、算术测验等。

(4) 个性人格测验。

个性人格测验是测被试的需要、动机、兴趣、态度、气质、性格、人际关系等人格特征,较为著名的有明尼苏达多相个性测验(MMPI)、罗夏墨迹测验、卡特尔16项人格因素量表

（16PF）主题统觉测验等。

① 移情测验。

在儿童道德情感范畴研究较多的是儿童的移情能力。研究与测量移情，一般较常用的是费什巴赫等所创设的移情情景测验。该测验运用 8 个幻灯片向儿童呈现不同的情感唤起情景，其中有 2 个显示快乐的情感，2 个显示悲伤的情感，2 个显示恐惧的情感，2 个显示生气的情感。

【真题训练】

（2018.10）单项选择题：在儿童道德情感范畴研究较多的是（　　）。

A. 羞耻　　　　　　　B. 共享行为　　　　　C. 利他行为　　　　　D. 移情能力

【答案】D

【解析】在儿童道德情感范畴研究较多的是儿童的移情能力。移情，也可能涉及道德认知（辨认他人情感的认知过程）或道德行为（表现同情的行为或企图提供帮助），然而在移情中，情感乃是核心的因素，是对别人情感的各种体验。

② 画人测验。

画人测验是测定儿童人格特征的重要方法。对儿童所画出的人物具有代表性的解释系统由麦克霍维尔于 1949 年创立。

麦克霍维尔认为，画出的人的头部最能表现儿童的社会交往特征，脸上的每一部分都显露出有关儿童的某种特点。画出的人的四肢及末端器官（手指、脚趾等），显示儿童与环境的相互作用。对脚和腿的相对忽视或缺少，可表示儿童的不安全感，或涉及性冲动的问题。衣着特点（如扣子、口袋、帽子、鞋等）也可显示儿童的幼稚和依赖性等特点。所画人物的其他特征，如大小、在纸上的位置、全图的主题等，也都可揭示一定的人格特征。

另一位著名的心理学家科皮茨的解释方法，是将不同年龄或成熟水平的儿童所反映的人物画指标相区分，且分别规定了有关焦虑、社会性情绪、人际态度、自身态度等方面的特征指标，并作出标准定义。

【真题训练】

（2021.10）单项选择题：在画人测验中，麦克霍维尔认为，最能表现儿童社会交往特征的是儿童画出的人的（　　）。

A. 手指　　　　　　　B. 头部　　　　　　　C. 衣着　　　　　　　D. 脚趾

【答案】B

【解析】麦克霍维尔认为，画出的人的头部最能表现儿童的社会交往特征，脸上的每一部分都显露出有关儿童的某种特点。例如，闭上的眼睛，可能是企图避开外界的象征；睁大的、经涂黑强调的眼睛，则可能与敌意或对抗情绪相联系。

2. 按测验方式分类

按测验方式，测量可分为个别测验和团体测验。

个别测验是指主试与被试一对一进行的测验。

团体测验是指一个主试同时对许多被试进行的测验。

3. 按测验材料分类

按测验材料,测量可分为语言、文字测验和非语言、文字测验。

语言、文字测验是指测验的内容是以语言、文字形式构成,被试要用语言、文字作答。

非语言、文字测验又称操作测验,它是以图形、模型、实物、工具等作为测试材料,被试需动手操作才能完成的测验。

4. 按测验的参照系分类

按测验的参照系,测量可分为常模参照测验和目标参照测验。

常模参照测验是一种衡量被试相对水平的测验,是将被试的测验成绩与同类被试在同一测验上的平均成绩即常模相比较,从而确定被试在总体中的相对位置。

目标参照测验又称标准参照测验,是将被试在测验上的分数与事先制定好的某种标准进行比较,看被试是否达到了目标规定的要求,是衡量被试实际水平的测验。

5. 按测验的标准化程度分类

按测验的标准化程度,测量可分为标准化测验和非标准化测验。

标准化测验是指由专家学者或专门机构采用系统的科学程序编制的,在测验实施过程、评分手续和分数的解释上具有统一标准的,并对测验误差做了严格控制的测验。

非标准化测验是指测验的编制和施测不按标准程序进行,通常由教师或研究人员自编,为临时测验所用的简单测验。

(四)测量法运用应注意的问题

1. 测量法的优点

(1)科学性较强,测验量表的编制过程客观、严谨,效果准确可靠;

(2)标准化程度较高,施测、计分、评价等均有统一标准,容易控制,便于操作;

(3)量化水平很高,测量所获得的均为客观的数据资料,可用计算机进行结果处理。

(4)能直接进行对比研究。标准化测验一般都有常模,只需将所测得的数据资料直接与常模比较,便可知差异;

(5)经济实用,省时省力,研究者只需根据研究需要直接选择合适的测验量表施测即可。

2. 测量法的缺点

(1)编制测验难度很大,费时费力,标准化测验的编制专业化程度很高,非专门机构、非专业人员不能胜任;

(2)学前教育测验通常是间接测量,测量只能依据被试的行为、活动或自评等来推测其水平,因此测量的结果往往是相对的;

(3)难以进行整体的分析。

3. 测量法的运用

学前教育测量运用测量法时的注意事项：（1）遵守测验的职业道德；（2）做好测验试题的保密工作；（3）测验主试应具备必要的专业知识；（4）确保测验过程的标准化；（5）学前教育测量结果的解释与反馈还要做好家长与带班教师的协同工作，指导他们正确对待解释结果，共同促进幼儿的身心发展。

考点二：测验的编制与实施

（一）测验的编制

测验编制的基本步骤：（1）确定测验目的；（2）拟订编题计划；（3）编制测验题目；（4）被试和项目分析；（5）修订、筛选测验题目；（6）组成正式测验；（7）检验测验的可靠性、有效性。

标准化测验的基本特点：（1）测验的效度要高，即测验的准确性要高，测验本身确实能测出所拟订的目标程度；（2）测验的信度要高，即测验的可靠性要高，测验结果能真实反映被试的实际水平；（3）测验应有常模比较，即测验能解释实际测得的分数，能评价被试的水平。

（二）测验的实施

实施标准化测验的步骤（从测验施测人员的角度）：（1）选择合适的测验工具；（2）按标准化测验的要求施测；（3）客观、准确地记录被试的反应；（4）合理解释测验结果。

对幼儿实施测验时应注意：（1）取得幼儿的信任，消除幼儿的胆怯行为，使之能充满信心地、轻松自如地参加测验；（2）在实施智力测验时，应避免在孩子饥、渴、累、困时进行；（3）一般而言，测验时应谢绝参观，尤其是幼儿家长、教师等最好不在场；（4）为了保持幼儿的注意力和作答动机，一方面可用口头称赞加以鼓励，另一方面可用变化的测验来满足幼儿的好奇心，有时还可以对幼儿许下某种承诺。

考点三：测验的评估标准

（一）信度

信度指测验结果的可靠性和稳定性，即同一个测验对同一组被试，所得测量结果的一致性程度。估计测验信度主要有重测信度、复本信度、分半信度和评分者信度，具体见表8-1。

表8-1　估计测验信度的类型

类型	概念	备注
重测信度	用同一种测验对同一组被试实施两次或更多次测验，前后两次测验分数间的相关系数	如果相关系数为高度的正相关，则表示该测验信度高，反之则信度低

续表

类型	概念	备注
复本信度	用两个或更多的等值测验复本,对一组被试先后进行两次或更多次测验,前后两次测验分数的相关系数	如果相关系数为高度的正相关,则表示该测验信度高,反之则信度低
分半信度	在测验没有复本,并且只能施测一次的情况下,可将测验题目分成对等的两半,它们的内容和难度相当,然后根据各人在这两个测验上的分数,计算其相关系数	如果相关系数为高度的正相关,则表示该测验信度高,反之则信度低。
评分者信度	多个评分者给同一批被试的答卷评分的一致性程度	—

从测验者本身来看,影响测验信度的因素主要有:(1)测验的长度;(2)测验的时间;(3)测验的同质性;(4)测验的区分度;(5)测验变量的性质;(6)测验的形式;(7)被试的差异性。

从被试的角度来看,影响信度的因素主要有:(1)身体健康状况;(2)情绪紧张、疲劳;(3)人的记忆波动;(4)对测验形式的了解;(5)施测的环境条件;(6)具备其他有关知识;(7)对测验内容的熟悉情况。

【真题训练】

1.(2021.10)单项选择题:衡量测验结果的可靠性和稳定性,即同一个测验对同一组被试,所得测量一致性程度的指标是(　　)。

A. 信度　　　　　　　B. 效度　　　　　　　C. 难度　　　　　　　D. 区分度

【答案】A

【解析】信度指测验结果的可靠性和稳定性,即同一个测验对同一组被试,所得测量的一致性程度。

2.(2019.10)单项选择题:常用于估计测验内部一致性以及测验成绩稳定性的信度类型是(　　)。

A. 分半信度　　　　B. 重测信度　　　　C. 评分者信度　　　　D. 复本信度

【答案】A

【解析】分半信度常用于估计测验内部的一致性以及测验成绩的稳定性,但存在的问题是往往很难将题目分成平均数、标准差基本相等的等值的两半。

(二)效度

效度指测验的有效性和准确性,即一种测验在多大程度上达到了测量目标。

效度常用相关系数来表示,称效度系数。由于测量的目的不同,效度就有不同的类型,常用的类型有内容效度、效标效度和结构效度。

1. 内容效度

内容效度是指测验题目对所要测的内容的覆盖程度,即测验题目对有关内容或行为范围取样的适当性和代表性。内容效度主要用于成就测验,通过对内容的逻辑分析,从而确定它们的代表程度。内容效度的值常由该领域的专家判定。

2. 效标效度

效标效度又称效标关联效度,它是通过将测验与某种外在标准做比较来确定的。效标效度是由两个量数之间的相关关系决定的,一种是测量到的量数,另一种是作为参照标准的量数,后一种量数就称为效标(效度标准)。两个量数的效度系数(相关系数)越大,则测验的效度越高,反之,则效度越低。

效标效度又可分为两种类型,一种是同时效度,即测验分数是否测出了目前实际存在的情况;另一种是预测效度,即测验分数是否预测到了将来发生的特定情况。

【真题训练】

(2020.10)单项选择题:效标效度又被称为(　　　　)。

A. 内容效度　　　　　　B. 效标关联效度　　　　　C. 结构效度　　　　　　D. 同时效度

【答案】B

【解析】效标效度又称效标关联效度,它是通过将测验与某种外在标准做比较来确定的。

3. 结构效度

结构效度是指一个测验在多大程度上测量了要测的理论构想。它验证的是所提出的理论假说是否有效的问题。

信度和效度既有区别又有联系,互为补充。信度是效度的必要条件,但并不是充分条件。也就是说一个测验可能信度高,但效度低;然而一个测验要有效度,首先必须有信度,如果一个测验测出的结果不一致,它就不可能有较高的效度。

(三)难度

难度是指题目的难易程度,它是衡量测验题目质量的一个重要指标。计算难度的方法如下。

1. 以通过率计算难度

以通过率计算难度即求正确解答题目的人数与总人数之比,多用于选择题,计算公式为:

$$P = \frac{R}{N}$$

式中 P 代表难度,R 为答对的人数,N 为参加测试的总人数。难度也可用百分比表示。

2. 以平均数计算难度

以平均数计算难度即求全部被试所得分数的平均数与该题满分之比,多用于问答,计

算公式为:

$$P = \frac{X}{W}$$

式中 P 为难度, X 为所有被试的平均分数, W 为该题的总分。

3. 以极端分组计算难度

先按得分高低排序,从分数序列两端各取 27% 作为高分组和低分组(根据正态分布,高分组与低分组各占总数的 27% 为最佳比例,也有人用各占总数的 1/3 来分高分组和低分组),然后按下列公式计算难度:

$$P = \frac{P_H + P_L}{2}$$

式中, P 为难度, P_H 为高分组答对该题的比例, P_L 为低分组答对该题的比例。

难度指标最高为 1,表示难度最小,即被试都能正确解答;难度指标最低为 0,表示难度最大,即被试都不能正确解答。因此,题目难度与正确解答该题的被试人数呈反比,难度值越小,越接近 0,测验难度就越大;难度值越大,越接近 1,测验难度就越小。一般编制测验题时,理想的难度值为 0.50,难度范围可控制在 0.30 ~ 0.70。

(四)区分度

区分度指测验题目对所测量特性的区分程度或鉴别能力,是衡量测验题目质量的一个重要指标。

区分度的计算常以某题的得分与该题总分之间的相关来表示,也可以高分组与低分组在某一题目上得分平均数的差异来表示。其计算公式为:

$$D = P_H - P_L$$

式中, D 为区分度符号, P_H 为高分组通过该题的人数比例, P_L 为低分组通过该题的人数比例。

区分度数值在 ±1.0 之间,如果某题目在高分组全部通过,低分组全部没通过,则 $D = 1.0$;若某题目的通过率与上述结果完全相反,则 $D = -1.0$;若高分组和低分组通过率相等,则 $D = 0$。区分度越高,说明该题目在测验中的效用越大,一般要求题目的区分度在 0.30 以上。

区分度与难度的关系:题目难度指标在 0.50 左右为最佳,因为这时题目的区分度接近最大值,区分度的数值越大,题目的鉴别能力就越高。

四、同步强化练习

(一)单项选择题

1. 按规则给对象或事物赋值是指(   )。

A. 测量   B. 测验   C. 量表   D. 测评

2. 下列关于测量与测验的说法中,错误的是(   )。

A. 测量是对事物做定量化测定的过程或方法

B. 测量是通过采用量表或具体测验实现的

C. 测验是测量的工具

D. 测验比测量的含义更广泛

3. 既没有数量关系,也没有单位和零点的量表是(　　　)。

A. 称名量表　　　　　B. 顺序量表　　　　　C. 等距量表　　　　　D. 比率量表

4. 以下 4 种量表中层次最高、包含信息最多的是(　　　)。

A. 称名量表　　　　　B. 顺序量表　　　　　C. 等距量表　　　　　D. 比率量表

5. 将 WPPSI 做成简捷式的人是(　　　)。

A. 格塞尔　　　　　B. 特曼　　　　　C. 考夫曼　　　　　D. 西蒙

6. 尚无文字表达能力的幼儿通常采用(　　　)。

A. 个别测验　　　　　B. 标准化测验　　　　　C. 团体测验　　　　　D. 非标准化测验

7. 又被称为操作测验的是(　　　)。

A. 标准化测验　　　　　　　　　　B. 非标准化测验

C. 语言、文字测验　　　　　　　　D. 非语言、文字测验

8. 教育测验正确施测的第一步是(　　　)。

A. 确定施测的对象　　　　　　　　B. 被试和项目分析

C. 选择合适的测验工具　　　　　　D. 按标准化测验的要求施测

9. 下列不属于估计测验信度的是(　　　)。

A. 重测信度　　　　　B. 结构信度　　　　　C. 分半信度　　　　　D. 评分者信度

10. 效标效度可分为同时效度和(　　　)。

A. 内容效度　　　　　B. 预测效度　　　　　C. 结构效度　　　　　D. 关联效度

11. 下列关于信度和效度关系的说法中,错误的是(　　　)。

A. 一个测验可能信度高但效度低

B. 一个测验要有效度,首先必须有信度

C. 信度是效度充分必要条件

D. 如果一个测验测出的结果不一致,它就不可能有较高的效度

12. 计算难度的主要方法不包括(　　　)。

A. 以通过率计算难度　　　　　　　B. 以标准分数计算难度

C. 以平均数计算难度　　　　　　　D. 以极端分组计算难度

13. 下列公式不是计算难度的是(　　　)。

A. $\dfrac{R}{N}$　　　　　B. $\dfrac{X}{W}$　　　　　C. $\dfrac{P_H + P_L}{2}$　　　　　D. $P_H - P_L$

14. 下列关于难度的说法中,错误的是(　　　)。

A. 难度指标最高为 1,最低为 0

B. 难度值越接近 0,测验难度就越大

C. 难度值越接近 1,测验难度就越小

D. 难度指标与被试正确解答该题呈正比

15. 下列关于区分度的说法中,错误的是(　　　)。

A. 区分度数值在 ±1.0 之间

B. 若高分组和低分组通过率相等,则区分度为 0

C. 区分度越高,说明该题目在测验中的效用越大

D. 一般要求题目的区分度在 0.50 以上

(二) 名词解释题

1. 测量法

2. 比率量表

3. 标准化测验

4. 复本信度

5. 内容效度

6. 区分度

(三) 简答题

1. 简述测量的基本要素。

2. 简述学前教育测量运用测量法时的注意事项。

3. 简述测验编制的基本步骤。

4. 简述标准化测验的基本特点。

5. 简述测量法的优点。

(四) 论述题

试述实施标准化测验的步骤。

(五) 应用分析题

在有 150 名儿童参加的某次期中测验中,高分组与低分组各 41 人(各占 27%),其中高分组答对某测验题的有 30 人,低分组答对该测验题的有 15 人。

问题:

(1) 计算该测验题的难度值。该测验题的难度设置是否合理?

(2) 列式计算该测验题的区分度值。该测验题的区分度设置是否合理?

(3) 简析区分度与难度的关系。

(计算结果保留两位小数)

五、 参考答案及解析

(一) 单项选择题

1. 【答案】A

【考点】测量的定义

【解析】测量学家克林格给测量下的定义是:测量就是按规则给对象或事物赋值。通俗地说,就是根据一定的规则,给事物分派数字。

2.【答案】D

【考点】测量与测验

【解析】测量与测验既有联系又有区别:测量是对事物做定量化测定的过程或方法,是通过采用量表或具体测验实现的;测验则是测量的工具。测量比测验的含义更广泛。

3.【答案】A

【考点】称名量表

【解析】称名量表亦称类别量表,是指用数字来代表事物的名称或类别的量表。它只是对个体和事物进行简单归类,既没有数量关系,也没有单位和零点。

4.【答案】D

【考点】比率量表

【解析】比率量表亦称等比量表,是一种具有相等的单位和绝对零点的量表。比率量表除了具有称名量表、顺序量表、等距量表的特征外,还有一个具有实际意义的绝对零点。比率量表是4种量表中层次最高、包含信息最多的量表。

5.【答案】C

【考点】智力测验

【解析】考夫曼将WPPSI做成简捷式。考夫曼曾用两个语言分测验(算术和理解)和两个操作分测验(木块图案和图画补缺)组成简捷式的结构,在个别年龄范围内以简捷式得到的再测信度相关在0.91~0.94。

6.【答案】A

【考点】个别测验

【解析】个别测验是指主试与被试一对一进行的测验。个别测验的可靠性较高,主试能有效地观察控制被试的行为反应,尤其是对尚无文字表达能力的幼儿,通常采用个别测验。

7.【答案】D

【考点】非语言、文字测验

【解析】非语言、文字测验又称操作测验,它是以图形、模型、实物、工具等作为测试材料,被试需动手操作才能完成的测验。

8.【答案】C

【考点】测验的实施

【解析】教育测验种类很多,功能特点各不相同。因此正确施测的第一步就是应根据研究目的,选择合适的测验工具。

9.【答案】B

【考点】信度

【解析】估计测验信度主要有重测信度、复本信度、分半信度和评分者信度。

10.【答案】B

【考点】内容效度

【解析】效标效度又可分为两种类型,一种是同时效度,另一种是预测效度。

11.【答案】C

【考点】信度和效度的关系

【解析】信度和效度既有区别又有联系,互为补充。信度是效度的必要条件,但并不是充分条件。也就是说一个测验可能信度高,但效度低;然而一个测验要有效度,首先必须有信度,如果一个测验测出的结果不一致,它就不可能有较高的效度。

12.【答案】B

【考点】计算难度的主要方法

【解析】难度是指题目的难易程度,它是衡量测验题目质量的一个重要指标。计算难度主要有三种方法:以通过率计算难度、以平均数计算难度和以极端分组计算难度。

13.【答案】D

【考点】计算难度的公式

【解析】选项 A、B、C 都是计算难度的公式,选项 D 是计算区分度的公式。

14.【答案】D

【考点】难度指标

【解析】题目难度与正确解答该题的被试人数呈反比,难度值越小,越接近 0,测验难度就越大;难度值越大,越接近 1,测验难度就越小。

15.【答案】D

【考点】难度指标

【解析】区分度数值在 ±1.0 之间,区分度越高,说明该题目在测验中的效用越大,一般要求题目的区分度在 0.30 以上。

(二)名词解释题

1. 从教育研究方法的角度看,**测量法**是用一组标准化测验,按照规定的程序,通过对研究对象的实际测定来收集数据资料的研究方法。

2. **比率量表**亦称等比量表,是一种具有相等的单位和绝对零点的量表。比率量表除了具有称名量表、顺序量表、等距量表的特征外,还有一个具有实际意义的绝对零点。

3. **标准化测验**是指由专家学者或专门机构采用系统的科学程序编制的,在测验实施过程、评分手续和分数的解释上具有统一标准的,并对测验误差做了严格控制的测验。

4. 用两个或更多的等值测验复本,对一组被试先后进行两次或更多次测验,前后两次测验分数的相关系数即为**复本信度**。

5. **内容效度**是指测验题目对所要测的内容的覆盖程度,即测验题目对有关内容或行为范围取样的适当性和代表性。

6. **区分度**指测验题目对所测量特性的区分程度或鉴别能力,是衡量测验题目质量的一个重要指标。

（三）简答题

1. 测量的基本要素如下：

（1）测量客体——测量的对象；

（2）测量内容——测量客体的属性和特征；

（3）测量法则——测量的准则或方法；

（4）测量工具——测量的指标体系。

2. 学前教育测量运用测量法时应注意如下事项：

（1）遵守测验的职业道德；

（2）做好测验试题的保密工作；

（3）测验主试应具备必要的专业知识；

（4）确保测验过程的标准化；

（5）学前教育测量结果的解释与反馈还要做好家长与带班教师的协同工作，指导他们正确对待解释结果，共同促进幼儿的身心发展。

3. 测验编制的基本步骤为：（1）确定测验目的；（2）拟订编题计划；（3）编制测验题目；（4）被试和项目分析；（5）修订、筛选测验题目；（6）组成正式测验；（7）检验测验的可靠性、有效性。

4. 标准化测验的基本特点是：

（1）测验的效度要高，即测验的准确性要高，测验本身确实能测出所拟订的目标程度；

（2）测验的信度要高，即测验的可靠性要高，测验结果能真实反映被试的实际水平；

（3）测验应有常模比较，即测验能解释实际测得的分数，能评价被试的水平。

5. 测量法的优点如下：

（1）科学性较强，测验量表的编制过程客观、严谨，效果准确可靠；

（2）标准化程度较高，施测、计分、评价等均有统一标准，容易控制，便于操作；

（3）量化水平很高，测量所获得的均为客观的数据资料，可用计算机进行结果处理；

（4）能直接进行对比研究。标准化测验一般都有常模，只需将所测得的数据资料直接与常模比较，便可知差异；

（5）经济实用，省时省力，研究者只需根据研究需要直接选择合适的测验量表施测即可。

（四）论述题

实施标准化测验的步骤如下：

（1）选择合适的测验工具。教育测验正确施测的第一步是应根据研究目的，选择合适的测验工具。要选择测验工具，必须有大量供选择的测验，这要求研究人员持之以恒地收集各种测验，包括标准化测验或各种评定量表。因此，收集测验量表是研究的一项基础工程。

（2）按标准化测验的要求施测。施测前，主试要仔细阅读测验手册，熟悉测验手册中的内容要求，准备好测验所需的材料，熟练掌握测验的操作程序，选择适宜的测验环境，避免各种偶然因素可能带来的误差，与被试建立良好的信任关系，解除被试的过度紧张和不适感等。主试应向每一个被试尽力提供相同的测试条件。

（3）客观、准确地记录被试的反应。主试应公平地对待每一个被试,评分要统一标准、客观准确、前后一致。通常标准化测验都有标准答案或评分标准供测试人员对照使用,测试人员应熟记于心,严格执行。有些标准化测验还需对评分人员进行必要的培训,以统一评分标准。

（4）合理解释测验结果。标准化测验是一项严肃的、学术性很强的工作,尤其是对测验结果的解释,通常要求经过培训的专业人员主持。在解释测验结果时,要做到有依据、有分寸,不武断地做绝对性的结论,也不做无限度的推论。

（五）应用分析题

（1）$P_H = \dfrac{30}{41} \approx 0.73$, $P_L = \dfrac{15}{41} \approx 0.37$, $P = \dfrac{P_H + P_L}{2} = \dfrac{0.73 + 0.37}{2} = 0.55$, 该测验题的难度值为 0.55。一般编制测验题时,理想的难度值为 0.50,难度值可控制在 0.30 ~ 0.70。故该测验题的难度设置合理。

（2）$D = P_H - P_L = 0.73 - 0.37 = 0.36$, 该测验题的区分度值为 0.36。区分度数值在 ±1.0 之间,区分度越高,说明该题在测验中的效用越大,一般要求题目的区分度在 0.30 以上。故该测验题的区分度设置合理。

（3）区分度与难度的关系:当题目难度指标在 0.50 左右时为最佳,因为这时题目的区分度接近最大值,区分度的数值越大,题目的鉴别能力就越高。在测验的编制中,题目的难度应为区分度服务,难度的选择应以提高区分度为出发点,难度过大或过小都会降低区分度。

第九章
如何进行实验研究

一、 教材知识思维导图

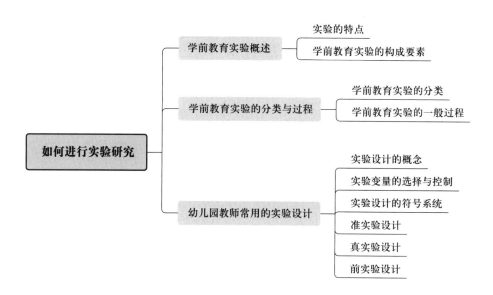

二、 本章重难点知识概要

重点知识:学前教育实验概述;学前教育实验的分类;学前教育实验的一般过程。

难点知识:学前教育实验的设计。

学习建议:结合学前教育实验案例掌握相关基本理论。

三、重难点知识精讲

考点一：学前教育实验概述

（一）学前教育实验的概念

学前教育实验是在学前教育情境下根据研究假设,运用一定的人为手段,主动干预或控制研究对象的发生、发展过程,并通过观察、测量、比较等方式探索、验证教育现象因果关系的研究方法。

（二）实验的特点

实验的特点有:(1)以检验假设为前提;(2)控制实验条件;(3)能揭示因果关系;(4)可重复验证。

【真题训练】

1.(2021.10)单项选择题:实验研究的核心是(   )。

A. 控制实验条件   B. 假设   C. 因果联系   D. 重复验证

【答案】B

【解析】整个实验过程通常是围绕着检验研究假设展开的,假设是实验研究的核心。

2.(2019.10)单项选择题:实验法探索事物之间或变量之间的(   )。

A. 相关关系   B. 理论关系   C. 因果关系   D. 现实关系

【答案】C

【解析】实验法探索的就是事物之间或变量之间的因果关系。整个实验的理论框架和操作程序就是按如何验证因果关系而设计的。

（三）学前教育实验的构成要素

在学前教育实验中,由实验者操纵变化的量叫自变量(也叫实验变量),由自变量直接引起变化的量叫因变量,跟实验目的无关的变量称为实验的无关变量。任何一个教育实验都会有上述三类变量的存在,实验的目的就是要尽量排除无关变量的干扰,有效地操纵自变量,并客观地观测因变量。

【真题训练】

(2020.10)单项选择题:下列属于学前教育实验的构成要素的是(   )。

A. 自变量   B. 实验条件   C. 前试验   D. 实验结果

【答案】A

【解析】学前教育实验的构成要素包括自变量(也叫实验变量)、因变量和无关变量。

考点二：学前教育实验的分类与过程

（一）学前教育实验的分类

学前教育实验的分类见表9-1。

表 9-1　学前教育实验的分类

划分标准	类型
按实验场所	现场实验(自然实验)和实验室实验
按实验目的	探索性实验和验证性实验
按自变量的多少	单因素实验和多因素实验
按实验的控制程度	前实验、准实验和真实验

【真题训练】

(2018.10)单项选择题:按自变量的多少划分,学前教育实验可分为(　　)。

A. 探索性实验和验证性实验　　　　B. 准实验和真实验

C. 单因素实验和多因素实验　　　　D. 现场实验和实验室实验

【答案】C

【解析】按自变量的多少划分,学前教育实验可分为单因素实验和多因素实验。单因素实验指实验中只有一个自变量,研究目的是探索变量的一一对应关系。多因素实验指实验中含有多个自变量,实验目的是探讨多个变量之间的组合关系。

（二）学前教育实验的一般过程

学前教育实验的一般过程可分为三个阶段:

1. 准备阶段

实验准备阶段的具体步骤包括:选定课题,形成实验假设,确定实验的自变量和因变量,给出操作定义,制定控制无关变量的措施,选择被试,分配被试到实验组或对照组,选定测量方法和工具,制定具体的实验方案和工作计划。

2. 实施阶段

实验实施阶段的具体内容包括:执行实验程序,实施实验方案,观察实验对象,观测、记录所需的资料和数据,对数据资料进行整理加工。

3. 总结阶段

实验总结阶段的具体任务包括:对数据资料进行分析,概括研究结果,形成研究结论,撰写实验报告,评价、验证研究成果,成果推广运用。

考点三：幼儿园教师常用的实验设计

（一）实验设计的概念

1. 实验设计的含义

广义的实验设计指进行一项实验研究的整体设计。其主要内容为：在确定课题的基础上提出假设，识别变量，选择样本，确定实验的组织形式和具体方法以及整个研究的进程和策略。

狭义的实验设计指实验过程中的组织形式、被试分配形式和实验变量介入或控制的形式。

2. 实验设计要遵循的基本原则

（1）随机化原则；

（2）可控制原则；

（3）可重复原则。

【真题训练】

（2019.10）单项选择题：实验设计中，体现对实验精确性和可靠性要求的原则是（　　）。

A. 可重复原则　　　　B. 可控制原则　　　　C. 随机化原则　　　　D. 随意化原则

【答案】A

【解析】可重复是对实验的精确性和可靠性的要求，也是检验实验结果有效性的标准。

3. 实验设计通常要综合考虑的内容

（1）研究假设；

（2）实验变量；

（3）被试的选择和分配；

（4）实验采用的组织形式；

（5）统计处理方法；

（6）具体实施步骤。

4. 实验设计的基本思想

（1）使自变量对因变量的作用最大化，让自变量和因变量的关系凸显。

（2）使无关变量对因变量的影响最小化，不让无关变量对因变量产生干扰作用或使这种干扰作用控制在最小范围内。

（二）实验变量的选择与控制

1. 自变量的操纵

自变量的操纵往往涉及实验处理的次数、强度、方式、程序、介入时间、延续时间等问题，研究者应根据研究假设、实验设计的要求和实际情况进行考虑。

2. 因变量的测定

因变量的一个重要特征是它可以通过直接或间接的方式被观察、被测量,并且可以转化为数据形式。

3. 无关变量的控制

无关变量是研究中除了自变量和因变量之外的一切变量,是与研究目的无关的变量。控制无关变量的方法有以下几种。

(1) 随机化法。随机化法是控制无关变量影响的最简单、最有效的方法。随机化指从总体中随机选择被试(或样本),被试随机分配到实验组和控制组,随机指派实验处理等。

(2) 消除法。消除法指设法将无关变量排除在实验之外,不让它参与到实验过程中来。

(3) 平衡法。平衡法指在设实验组和控制组时,将无关变量的影响平均分配到实验组和控制组中去,使各组之间的差异尽可能平等。

(4) 恒定法。恒定法指使某些因素在实验中保持恒常不变,把有些变量变为常量加以控制,也就是说使无关变量的影响在实验前后保持不变。

(5) 盲法。盲法指在实验中,被试或主试不知道谁接受了实验处理,谁没有接受实验处理,甚至不知道实验设计者真实意图的一种排除来自被试或主试主观态度影响的控制方法。

(6) 统计分离法。统计分离法指用统计方法将实验数据中无关变量的影响分离出来或削弱无关变量的影响。

【真题训练】

(2018.4)单项选择题:控制无关变量影响的最简单且最有效的方法是(　　　)。

A. 消除法　　　　　　　B. 平衡法　　　　　　　C. 统计分离法　　　　　　　D. 随机化法

【答案】D

【解析】随机化法是控制无关变量影响的最简单、最有效的方法。随机化法指从总体中随机选择被试(或样本),被试随机分配到实验组和控制组,随机指派实验处理等。

(三) 实验设计的符号系统

实验设计的核心在于确定实验过程中的组织形式和变量处理模式,而代表组织形式的符号系统为:

X:表示实验处理或自变量。

一:表示无实验处理。

O:表示因变量的观测。

G:表示组,即实验组或控制组。

R:表示被试已做随机分配。

S:表示被试。

------:表示虚线上面和下面的组不是等组。

此外,字母下标的数字表示次数,如 O_1 表示观测 1,O_2 表示观测 2;X_1 表示实验处理 1,

X_2 表示实验处理 2。

【真题训练】

（2021.10）单项选择题：在实验设计的符号系统中，R 表示（   ）。

A. 实验处理或自变量   B. 无实验处理

C. 实验组或控制组   D. 被试已做随机分配

【答案】D

【解析】R：表示被试已做随机分配。

（四）准实验设计

准实验设计又称类似实验设计，是不能完全控制变量的变化，特别是指不能随机分配被试的实验设计。准实验设计是教育实验研究中应用最广泛、最具有应用前景和应用价值的设计方法。

1. 时间序列设计

时间序列设计又称定时重复观测设计，是指在实验处理之前与实验处理之后，对被试进行一系列定时的重复观测，然后对前后系列观测结果进行比较、分析，判别实验处理的效应。其基本模式有单组时间序列设计、多组时间序列设计和等值时间取样设计。

【真题训练】

（2018.10）单项选择题：时间序列设计又称为（   ）。

A. 单一被试设计   B. 真实实验设计

C. 前实验设计   D. 定时重复观测设计

【答案】D

【解析】时间序列设计又称定时重复观测设计，是指在实验处理之前与实验处理之后，对被试进行一系列定时的重复观测，然后对前后系列观测结果进行比较、分析，判断实验处理的效应。

2. 单一被试设计

单一被试设计通常要进行反复观测，并且一次实验仅改变或处理一个变量。单一被试设计模式主要有 A—B 设计、A—B—A 设计（倒返实验设计）和 A—B—A—B 设计。A 表示基线条件，或前测阶段实验处理介入前的持续观测；B 表示实验处理条件，即持续的实验处理观测。

（五）真实验设计

真实验设计是一种变量得以严格控制的实验设计，根据自变量控制数量的多少，真实验设计又分为简单实验设计和复杂实验设计。

简单实验设计最典型的三种模式是：等组后测设计、等组前后测设计和所罗门四组设计。

【真题训练】

（2019.10）单项选择题：所罗门设计包含的实验组数通常为（ ）。

A. 1   B. 2   C. 3   D. 4

【答案】D

【解析】所罗门四组设计实际上是等组前后测设计和等组后测设计的组合。在四组中，前两组为等组前后测设计，后两组为等组后测设计。

（六）前实验设计

前实验设计又称非实验设计，其主要模式有单组后测设计、单组前后测设计和固定组比较设计。

四、 同步强化练习

（一）单项选择题

1. 实验研究的精髓在于（ ）。

A. 检验假设   B. 控制实验条件   C. 揭示因果关系   D. 可重复验证

2. 按实验目的划分，学前教育实验可分为（ ）。

A. 自然实验和实验室实验   B. 探索性实验和验证性实验

C. 单因素实验和多因素实验   D. 前实验、准实验和真实验

3. 对数据资料进行整理加工属于学前教育实验的（ ）。

A. 预测阶段   B. 准备阶段   C. 实施阶段   D. 总结阶段

4. 实验设计要遵循的基本原则不包括（ ）。

A. 可量化原则   B. 随机化原则   C. 可控制原则   D. 可重复原则

5. 在设计实验组和控制组时，将无关变量的影响平均分配到实验组和控制组中去，使各组之间的差异尽可能平等的控制方法是（ ）。

A. 消除法   B. 平衡法   C. 恒定法   D. 统计分离法

6. 被称为倒返实验设计的是（ ）。

A. A—B 设计   B. B—A 设计

C. A—B—A 设计   D. A—B—A—B 设计

7. 下列属于简单实验设计模式的是（ ）。

A. 单组后测设计   B. 单组前后测设计

C. 固定组比较设计   D. 所罗门四组设计

8. 研究者在两个班中进行教学实验，实验组引入新的教学方法，控制组沿用传统的教学方法，一学期后进行测验，并对两组测验数据进行比较，看哪一种方法更有效。这属于

（　　）。

A. 等组前后测设计

B. 所罗门四组设计

C. 单组前后测设计

D. 固定组比较设计

（二）名词解释题

1. 狭义的实验设计

2. 准实验设计

3. 真实验设计

4. 所罗门四组设计

（三）简答题

1. 简述学前教育实验的特点。

2. 简述学前教育实验的分类。

3. 简述实验设计要遵循的基本原则。

（四）论述题

试述学前教育实验的一般过程。

五、 参考答案及解析

（一）单项选择题

1.【答案】B

【考点】实验的特点

【解析】实验研究的精髓在于对实验条件的控制。控制条件通常指主动操纵自变量，客观地测定因变量，严格地控制无关变量。

2.【答案】B

【考点】学前教育实验的分类

【解析】按实验目的划分，学前教育实验可分为探索性实验和验证性实验。

3.【答案】C

【考点】学前教育实验的一般过程

【解析】实验实施阶段的具体内容包括：执行实验程序，实施实验方案，观察实验对象，观测、记录所需的资料和数据，对数据资料进行整理加工。

4.【答案】A

【考点】实验设计的概念

【解析】实验设计要遵循的基本原则包括随机化原则、可控制原则和可重复原则。

5.【答案】B

【考点】实验变量的选择与控制

【解析】平衡法指在设计实验组和控制组时，将无关变量的影响平均分配到实验组和控制组中去，使各组之间的差异尽可能平等。

6.【答案】C

【考点】准实验设计

【解析】A—B—A 设计又称倒返实验设计,是 A—B 设计的展开。它是在前测阶段或称基线阶段(A)和实验处理阶段(B)之后,再加上实验处理撤除阶段(A),即这一阶段相当于又回到基线阶段(A)对被试进行基础观测。

7.【答案】D

【考点】真实验设计

【解析】简单实验设计的模式有多种,其中最典型的是等组后测设计、等组前后测设计和所罗门四组设计。选项 A、B、C 属于前实验设计的主要模式。

8.【答案】D

【考点】前实验设计

【解析】研究者在两个班中进行教学实验,实验组引入新的教学方法,控制组沿用传统的教学方法,一学期后进行测验,并对两组测验数据进行比较,看哪一种方法更有效。这就是固定组比较设计,其效率较低,除非能获得两组被试是相似的质料,否则应避免这种设计。

(二)名词解释题

1. **狭义的实验设计**指实验过程中的组织形式、被试分配形式和实验变量介入或控制的形式。

2. **准实验设计**又称类似实验设计,在控制程度上,是一种介于前实验设计与真实验设计的实验设计。它比前实验设计的效度要好得多,能对一部分影响实验效度的因素进行控制,但又不如真实验设计能对整个研究过程做充分、严格的控制,因此在实验前加个“准”字,以示区别。

3. **真实验设计**是一种变量得以严格控制的实验设计,根据自变量控制数量的多少,真实验设计又分为简单实验设计和复杂实验设计。

4. **所罗门四组设计**是所罗门在 1949 年提出的,这种设计的主要目的是为了克服等组前后测设计中前测对后测可能造成的交互作用,即前测效应,并且能将前测效应分离出来,从而提高实验效度。所罗门四组设计实际上是等组前后测设计和等组后测设计的组合。在四组中,前两组为等组前后测设计,后两组为等组后测设计。

(三)简答题

1. 学前教育实验的特点为:(1)以检验假设为前提;(2)控制实验条件;(3)能揭示因果关系;(4)可重复验证。

2. 学前教育实验的分类如下:

(1)按实验场所划分,学前教育实验可分为现场实验(自然实验)和实验室实验;

(2)按实验目的划分,学前教育实验可分为探索性实验和验证性实验;

(3)按自变量的多少划分,学前教育实验可分为单因素实验和多因素实验;

(4)按实验的控制程度划分,学前教育实验可分为前实验、准实验和真实验。

3. 实验设计要遵循的基本原则为:(1)随机化原则;(2)可控制原则;(3)可重复原则。

（四）论述题

学前教育实验的一般过程可分为三个阶段：

（1）准备阶段。实验准备阶段的具体步骤包括：选定课题，形成实验假设，确定实验自变量和因变量；给出操作定义，制定控制无关变量的措施；选择被试，分配被试到实验组或对照组；选定测量方法和工具，制定具体的实验方案和工作计划。

（2）实施阶段。实验实施阶段的具体内容包括：执行实验程序，实施实验方案，观察实验对象，观测、记录所需的资料和数据，对数据资料进行整理加工。

（3）总结阶段。实验总结阶段的具体任务包括：对数据资料进行分析，概括研究结果，形成研究结论，撰写实验报告，评价、验证研究成果，成果推广运用。

第十章
如何做教育行动研究

一、 教材知识思维导图

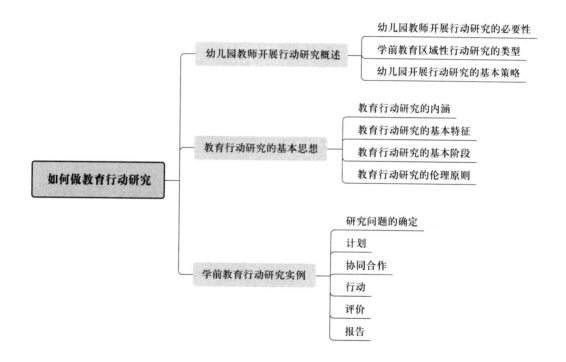

二、 本章重难点知识概要

重点知识:教育行动研究的内涵;教育行动研究的条件;教育行动研究的基本特征;学前教育区域性行动研究的类型;教育行动研究的基本阶段;幼儿园开展行动研究的基本策略。

难点知识:教育行动研究的基本阶段。

学习建议:结合实例掌握教育行动研究的相关概念和基本流程。

三、 重难点知识精讲

考点一：幼儿园教师开展行动研究概述

（一）幼儿园教师开展行动研究的必要性

（1）改进传统幼儿园教师继续教育的需要；

（2）幼儿园教师专业共同体的建立与专业发展的需求；

（3）当前幼儿园教育改革的需要；

（4）幼儿园教师知识观、教育观转变的需要。

（二）学前教育区域性行动研究的类型

学前教育区域性行动研究的类型见表 10-1。

表 10-1　学前教育区域性行动研究的类型

划分标准	类型
按研究模式	技术模式、实践模式、解放模式
按研究内容	制度革新、观念变革、幼儿园课程、幼儿园保教、幼儿游戏、幼儿室内外活动、区域活动等
按研究层级	全国性协作的行动研究，省、市、县间合作性的行动研究，幼儿园间的行动研究，班级学科领域间的行动研究，幼儿园内特定群体的行动研究，幼儿教师自愿组织的行动研究
按组织方式	政府组织、托幼组织倡导和支持下的行动研究以及教师、管理者自发组织的行动研究
按沟通方式	现实情境中日常直接交往的行动研究，定期直接交往的行动研究，虚拟现实的、网上合作的行动研究
按研究目标与结果	为组织的改革与建设开展的行动研究，为个人的专业发展或业务改进的个人目标的行动研究，以上二者兼顾的行动研究
按研究成员构成	研究者、领导者、员工结合的模式，专业型教师、新教师、在读师范生结合的模式，研究者、教师、家长甚至幼儿结合的模式

【真题训练】

（2020.10）单项选择题：从研究模式看，下列不属于行动研究的是（　　　）。

A. 技术模式　　　　B. 实践模式　　　　C. 解放模式　　　　D. 变革模式

【答案】D

【解析】从研究模式看,行动研究可分为技术模式、实践模式和解放模式。

（三）幼儿园开展行动研究的基本策略

（1）开展行动研究的循序渐进性；

（2）开展行动研究的协同性；

（3）开展行动研究的情境性；

（4）开展行动研究的生态性。

【真题训练】

（2018.10）单项选择题：幼儿园和教育主管部门要为开展行动研究提供技术支持、搭建物化平台,这一做法体现了幼儿园开展行动研究的(　　　)。

　　A. 协同性　　　　　　　B. 情境性　　　　　　　C. 循序渐进性　　　　　　D. 生态性

【答案】D

【解析】开展行动研究的生态性专指幼儿园和教育主管部门要为开展行动研究提供技术支持、搭建物化平台、营造社会氛围,如教师进修机构可以为教师行动研究建立学分认定体系,作为专业成长的重要方式,在更大范围内进行经验交流和业务提升。

（四）提高行动研究质量的准备

幼儿园方面可以做以下条件准备以提高行动研究质量：

（1）将行动研究纳入园本教师培训的框架中,建立园本教师评价体系；

（2）为教师提供行动研究的档案支持系统；

（3）为行动研究教室提供观察记录系统；

（4）定期让专家指导教师的行动反思笔记；

（5）提供行动研究交流的平台,规定交流时间、地点、方式和评价标准等。

考点二：教育行动研究的基本思想

（一）教育行动研究的内涵

1. 教育行动研究的概念

教育行动研究可视为应用研究的一种,是教育实践情境中的教师基于实际问题的需要,单独或与专家及研究人员共同合作,将实际问题发展成研究问题并进行系统研究,以解决实际问题的一种研究方法。

2. 教育行动研究的条件

（1）应具备研究的动机、目的与问题；

（2）应具有丰富的文献基础,进而使自己在教育行动研究过程中的各种"行动"是自觉的,而非仅凭"经验"解决问题,也绝非"跟着感觉走"；

（3）应建立系统化并且真实、丰富的档案文件及数据记录，尤其是应具备研究参与者在行动过程中"变化"（或相关）的清晰文件数据；

（4）应具备系统化的资料收集过程及方法；

（5）应完整地呈现行动研究的过程。

（二）教育行动研究的基本特征

（1）"探究—介入"的行动主旨；

（2）以研究者自身作为研究对象；

（3）行动研究的自我反思；

（4）建立协同参与的学习共同体；

（5）教育行动研究的有效性追求；

（6）教育行动研究强调伦理关系的建立；

（7）教育行动研究是公开形式的探究。

（三）教育行动研究的基本阶段

1. 研究目的与问题的起始

教育行动研究的问题来源于学前教育教学的实际，着眼于改进现状，改善教育教学效果。

教育行动研究者在思想上需澄清以下问题：① 你遇到的是一个什么问题，是儿童的心理问题、课堂组织方式问题、教学方法问题，还是行为动机问题。② 问题是普遍的还是特殊的，是所有幼儿园所共有的还是某一所幼儿园特有的，是所有幼儿共有的还是某一年龄段幼儿或某些幼儿所特有的。③ 这些问题可能的原因有哪些，是内在原因还是外在原因，是幼儿园原因还是家庭原因，是幼儿自身原因还是同伴群体原因。

2. 计划

提出解决问题的总计划要考虑以下的方面：① 计划实施后预期达到的目标，总目标下需要分解成若干分目标；② 行动研究的步骤与时间安排；③ 计划执行表的制定。

3. 协同合作

在行动研究过程中，要想保证研究共同体成员的协同合作，需制定研究共同体的工作规范，以保证协同合作有效。

4. 行动

将计划付诸行动是行动研究的核心环节，行动研究的根本目的是解决实践中的问题，在行动中改善实践质量。

在整个行动过程中，要注意通过以下方式收集资料：（1）观察；（2）访谈；（3）问卷；（4）档案资料。

【真题训练】

（2018.10）单项选择题：学前教育行动研究的核心环节是（　　　）。

A. 研究问题的确定　　　B. 行动　　　　　　　C. 计划　　　　　　　D. 协同合作

【答案】B

【解析】将计划付诸行动是行动研究的核心环节,行动研究的根本目的是解决实践中的问题,在行动中改善实践质量。

5. 评价

行动研究的评价主要涉及以下几个方面:

（1）行动研究的问题是否明确,行动研究者是否对研究问题进行了明确界定,研究的目标是否具有可操作性,用何种方法检验目标是否达成;

（2）行动研究计划是否周详,研究计划是否考虑了各方面因素,是否制定了详细的实施步骤;

（3）行动研究者是否执行了研究计划;

（4）资料的收集整理是否完整、准确;

（5）资料的分析和解释是否恰当;

（6）评价研究的信度、效度。

6. 报告

行动研究是否需要撰写研究报告是一个有争议的问题。

（四）教育行动研究的伦理原则

（1）行动研究之前,需向相关的人员、单位、组织机构进行咨询协商;

（2）行动研究应遵循团队公开协同原则,而不是个人隐秘性探究;

（3）行动研究过程中,所有参加者应平等参与行动研究方案,其他不愿意参加者也应受到尊重;

（4）行动研究的目的应让每一个参加者了解,而不应隐瞒参与者;

（5）行动研究的过程应保持透明性,以便随时接受反省、批判与建议;

（6）行动研究的观察记录与档案收集应征得当事人和主管领导的许可;

（7）行动研究中的观察或访谈对象都应与之共同讨论访谈或观察记录并随时加以修正,以保证信息的正确有效;

（8）行动研究中涉及他人的描述性资料需经当事人的同意后才能公开呈现或出版,引述内容应匿名;

（9）行动研究的所有成员对不公开的研究资料都应承担保密责任;

（10）行动研究过程中所有成员达成的共识都应该严格遵守。

四、 同步强化练习

（一）单项选择题

1. 幼儿园教育改革的根本途径是(　　　)。

A. 课程改革　　　　　　　　　　　　B. 培育师资力量

C. 教学方式变革　　　　　　　　　　D. 学前教育行动研究

2. 将行动研究划分为制度革新、观念变革、幼儿园课程、区域活动等类型的依据是（　　）。

A. 研究模式　　　　B. 研究内容　　　　C. 研究层级　　　　D. 组织方式

3. 幼儿园行动研究的大本营与基本单位是（　　）。

A. 家庭　　　　　　B. 教室　　　　　　C. 大自然　　　　　D. 社会

（二）名词解释题

教育行动研究

（三）简答题

1. 幼儿园方面可以做哪些条件准备以提高行动研究质量？

2. 简述教育行动研究的基本特征。

（四）论述题

试述行动研究的评价主要涉及的方面。

五、参考答案及解析

（一）单项选择题

1.【答案】D

【考点】幼儿园教师开展行动研究的必要性

【解析】学前教育行动研究是幼儿园教师继续教育的一种方式，是教研的一种方法，是教师追求专业成长的活动形态，也是幼儿园教育改革的根本途径。

2.【答案】B

【考点】学前教育区域性行动研究的类型

【解析】从研究内容看，行动研究可分为制度革新、观念变革、幼儿园课程、幼儿园保教、幼儿游戏、幼儿室内外活动、区域活动等类型。

3.【答案】B

【考点】幼儿园开展行动研究的基本策略

【解析】教室是幼儿园行动研究的大本营与基本单位，在教室中发现问题、澄清问题、反思问题、整理问题、解决问题是幼儿园行动研究的基本方式，在一定程度上幼儿园开展行动研究就是建立"教室行动研究网络"。

（二）名词解释题

教育行动研究可视为应用研究的一种，是教育实践情境中的教师基于实际问题的需要，单独或与专家及研究人员共同合作，将实际问题发展成研究问题并进行系统研究，以解决实际问题的一种研究方法。

（三）简答题

1. 为提高行动研究的质量,幼儿园方面可以做如下条件准备:

（1）将行动研究纳入园本教师培训的框架中,建立园本教师评价体系;

（2）为教师提供行动研究的档案支持系统,如档案夹、档案柜、档案影像系统、档案软件系统等;

（3）为行动研究教室提供观察记录系统;

（4）定期让专家指导教师的行动反思笔记;

（5）提供行动研究交流的平台,规定交流时间、地点、方式和评价标准等。

2. 教育行动研究的基本特征是:

（1）"探究—介入"的行动主旨;

（2）以研究者自身作为研究对象;

（3）行动研究的自我反思;

（4）建立协同参与的学习共同体;

（5）教育行动研究的有效性追求;

（6）教育行动研究强调伦理关系的建立;

（7）教育行动研究是公开形式的探究。

（四）论述题

行动研究的评价主要涉及如下方面:

（1）行动研究的问题是否明确,行动研究者是否对研究问题进行了明确界定,研究的目标是否具有可操作性,用何种方法检验目标是否达成;

（2）行动研究计划是否周详,研究计划是否考虑了各方面因素,是否制定了详细的实施步骤。整个研究过程中,研究时间表是否有一定的可控性。

（3）行动研究者是否执行了研究计划。检验研究者计划的执行情况,看在执行过程中是否对研究计划有所修改、是否由于变动因素没有执行研究计划。

（4）资料的收集整理是否完整、准确。行动研究的资料既有定性资料,也有定量资料,一般比较庞杂,评价时需要理清头绪,核实各项资料的出处,看是否有误填、伪造现象。

（5）资料的分析和解释是否恰当。行动研究的资料一般是在特殊情境下获得的,能否具有一定的推广性不能轻率地做出判断,需认真分析,恰当解释。

（6）评价研究的信度、效度。近年随着教育行动研究中教师专业化水平的提高,特别是研究素养的提高,行动研究也更重视研究信度和效度的评价,评价方式同一般研究大同小异。

第十一章
量化资料的整理与分析

一、 教材知识思维导图

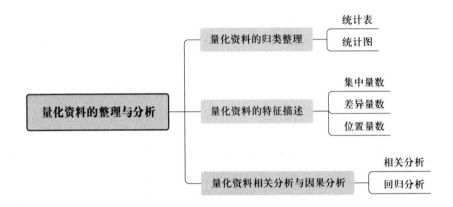

二、 本章重难点知识概要

重点知识:各种统计图表的区别;集中量数的计算方法;差异量数的计算方法。

难点知识:相关分析的意义和适用条件;回归方程的建立方法。

学习建议:本章涉及较多公式,对概念和性质的理解有助于进一步领会计算公式。

三、 重难点知识精讲

考点一: 量化资料的归类整理

(一) 统计表

1. 统计表的概念

在对数据进行分类以后,所得到的各种数量结果称为统计指标。把统计指标和被说明的事物之间用表格的形式加以表示就构成统计表。

2. 统计表的基本结构

统计表的构成一般包括以下几个项目:(1) 序号;(2) 名称(标题);(3) 标目(分类的项目);(4) 数字(统计指标);(5) 表注。

关于统计表的画法应注意以下几点:表格的各纵列之间要空开;表的左右两边纵线可以省去,上下两边须有横线;标目与数字间,数字与总计间,两个总标目之间都须用线条隔开;表的上下边的两条横线要粗一些,等等。

3. 统计表的类型

(1) 简单表:只列出调查名称、地点、时序或统计指标名称的统计表。

(2) 分组表:只有一个标目的统计表。

(3) 复合表:有两个或两个以上标目的统计表。

(二) 统计图

1. 统计图的概念

所谓统计图就是依据数字资料,应用点、线、面、体、色彩等的描绘制成整齐而又规律,简明而又知其数量的图形。

2. 统计图的构成

统计图一般采用直角坐标系,横坐标用来表示事物的组别或自变量 X,纵坐标常用来表示事物出现的次数或因变量 Y,除直角坐标系外还有角度坐标系、地理坐标系等。

图号及图题:统计图的名称为图题或标题。

图目:横坐标上所用的各种单位名称。

图形:图的主要部分。

图注:凡图形或其局部或某一点,需要借助文字或数字加以补充说明的,均称为图注。

线条:图形基线(横坐标)、尺度线(纵坐标)、指导线、边框线等。

3. 统计图的种类

心理与教育科学研究中常用的统计图可按形状划分为条形图、线形图、圆形图、散点图等。

(1) 条形图:主要用于表示离散型的数字资料,即计数资料。

(2) 圆形图:用于表示间断性的数字资料。

(3) 线形图:用于表示连续性的数字资料。

(4) 直方图:用于表示连续性资料的频数分配。

(5) 散点图:又称点图,它是以圆点的大小和相同大小圆点的多少或疏密表示统计资料数量的大小以及变化趋势的统计图。它是以圆点分布的形态表示两种现象间相关程度的。

【真题训练】

1. (2018.10)单项选择题:用来表示离散型数字资料的一般为(　　　)。

A. 线形图   B. 直方图   C. 条形图   D. 圆形图

【答案】C

【解析】条形图主要用于表示离散型的数字资料,即计数资料。

2. (2021.10)单项选择题:用来表示连续性资料频数分配的统计图是(   )。

A. 线形图   B. 直方图   C. 散点图   D. 条形图

【答案】B

【解析】直方图:用于表示连续性资料的频数分配。

考点二：量化资料的特征描述

（一）集中量数

为了进一步发现和表达一组数据的规律性,需要计算出一些能够反映这组数据的统计特征的数字,这些特征数字称为统计特征值。

对于一组数据来讲,最常用的统计特征值有三类:① 表现数据集中性质或集中程度的;② 表现数据分散性质或分散程度的;③ 表现数据所处位置的。

描述数据集中情况的统计特征值主要包括算术平均数、中数、众数、几何平均数、调和平均数、加权平均数。由于这些统计特征值的作用在于度量数据的集中趋势,因此它们都称为集中量数。

【真题训练】

(2020.10)单项选择题:下列不属于集中量数的是(   )。

A. 算术平均数   B. 平均差   C. 几何平均数   D. 中数

【答案】B

【解析】描述数据集中情况的统计特征值主要包括算术平均数、中数、众数、几何平均数、调和平均数、加权平均数。由于这些统计特征值的作用在于度量数据的集中趋势,因此它们都称为集中量数。

1. 算术平均数

算术平均数通常简称为平均数或均数,是将所有的数据相加,再被数据的个数除所得的商。一般用 M 表示,$\overline{X}$ 或 $\overline{Y}$ 习惯上为算术平均数的符号。算术平均数的分式为:

$$\overline{X} = \frac{\sum X_i}{N}$$

公式中 X_i 表示数据中的任意一个数,$\sum X_i$ 表示所有数据的和;N 为数据的个数。

（1）算术平均数的性质。

性质 1:离均差之和等于 0。

性质 2:在一组数据中,每一个数都加上一个常数 C,则所得的算术平均数为原来的平均数加常数 C。

性质3:在一组数据中,每一个数都乘以一个常数 C,则所得的算术平均数为原来的平均数乘以常数 C。

（2）算术平均数的特点。

算术平均数是应用最普遍的一种集中量数。它是"真值"逼近的、最佳估计值。

（3）算术平均数的优缺点。

算术平均数的优点:① 反应灵敏;② 确定严密;③ 简明易解;④ 计算简单;⑤ 符合代数方法做进一步演算;⑥ 较少受抽样变动的影响。

算术平均数的缺点:① 易受极端数据的影响;② 若出现模糊不清的数据时,无法计算算术平均数;③ 凡不同质的数据不能计算算术平均数。

【真题训练】

（2021.10）单项选择题:一般用于表示算术平均数的符号为(　　)。

A. D　　　　　　　B. M　　　　　　　C. A　　　　　　　D. Z

【答案】B

【解析】算术平均数通常简称为平均数或均数,只有在与其他几种集中量数如几何平均数、调和平均数、加权平均数相区别的时候,才把它叫做算术平均数。算术平均数一般用 M 表示。

2. 加权平均数

加权平均数,符号记作 M_w,其计算公式为:

$$M_w = \frac{W_1 X_1 + W_2 X_2 + \cdots + W_n X_n}{W_1 + W_2 + \cdots + W_n} = \frac{\sum W_i X_i}{\sum W_i}$$

式中 X_i 为任一数据的值,W_i 为权数。所谓权数,是指各变量在构成总体中的相对重要性,每个变量的权数大小,由观测者依据一定的理论或实践经验而定。

3. 几何平均数

几何平均数因在计算时需取对数计算,又称对数平均数,符号记作 M_g。几何平均数的计算公式为:

$$M_g = \sqrt[n]{X_1 X_2 \cdots X_n}$$

式中 n 为数据个数,X_i 为任一数据(变量)的值。

几何平均数可在以下条件下使用:（1）直接应用基本公式计算几何平均数;（2）应用几何平均数的变式计算。

【真题训练】

（2018.10）单项选择题:在计算时需取对数进行计算的平均数为(　　)。

A. 算术平均数　　　B. 调和平均数　　　C. 加权平均数　　　D. 几何平均数

【答案】D

【解析】几何平均数因在计算时需取对数,又称对数平均数。

4. 调和平均数

调和平均数因在计算中先将各数据取倒数平均,然后再取倒数,故又称倒数平均数,符号用 M_H 表示。它的计算公式为:

$$M_H = \cfrac{1}{\cfrac{1}{N}\left(\cfrac{1}{X_1}+\cfrac{1}{X_2}+\cdots+\cfrac{1}{X_n}\right)} = \cfrac{1}{\cfrac{1}{N}\sum\left(\cfrac{1}{X_i}\right)} = \cfrac{N}{\sum\left(\cfrac{1}{X_i}\right)}$$

公式中 N 为数据的个数,X_i 为任一变量值。

5. 中数

中数又叫中位数,用符号 M_d 或 M_{dn} 表示,是指位于一组数据中较大一半与较小一半中间位置的那个数。

确定中数时,首先将数据依其取值大小排列成数据序列,然后找出位于中间的那个数,就是中数。中数确定分两种不同的情况:

(1)数据个数为奇数,则取数据序列中第 $(N+1)/2$ 的那个数据为中数;

(2)数据个数为偶数,则取数据序列中第 $N/2$ 个与第 $N/2+1$ 个这两个数据的均数为中数。

中数的优点:(1)概念简单,容易理解;(2)确定方便,不需要复杂计算;(3)不受极端数值的影响。

中数的缺点:(1)确定不严密,容易受抽样变动的影响;(2)不是根据每一个数据计算得来,受取样主观性的影响;(3)中数不能做进一步的代数运算。

在下列情况下常使用中数:

(1)一级数据若出现极端数值时,用中数反映数据的集中趋势,代表性更好;

(2)粗略估计一组数据的集中趋势时,常用中数;

(3)数据按次序排列后,两端数据模糊不清时,也常用中数。

6. 众数

众数又叫范数、密集数等,用符号 M_o 表示。众数是指在数据中出现次数最多的那个数据的值,它也是一种集中量数,用来代表一组数据的集中趋势。

众数的确定:不论是分组的数据还是未分组的数据,都可用观察法求众数,只凭观察找出出现次数最多的数据就是众数。数据整理成次数分布表后,观察次数最多的那一组区间的组中值为众数。

众数的优点:(1)概念简单明了,容易理解;(2)计算时不需每一个数据都加入,因而较少受极端数据的影响;(3)众数不能做进一步的代数运算。

众数的缺点:(1)不稳定,受分组的影响,亦受样本变动的影响;(2)反应不够灵敏。

众数在下述情况下常有应用:(1)当需要快速而粗略地寻求一组数据的代表值时;(2)当一组数据中出现不同质的数据时,可用众数表示典型情况;(3)当次数分布中有两极端的数目时,有时也用众数(一般用中数)。

【真题训练】

（2020.10）单项选择题：众数是指在数据中出现次数最多的那个数据的值，用来代表一组数据的（　　）。

A. 差异量数　　　　　　B. 离中趋势　　　　　　C. 集中趋势　　　　　　D. 位置量数

【答案】C

【解析】众数又叫范数、密集数等，用符号 M_o 表示。众数是指在数据中出现次数最多的那个数据的值，它也是一种集中量数，用来代表一组数据的集中趋势。

（二）差异量数

对于数据变异性即离中趋势进行度量的一组统计指标，称作差异量数。常见的差异量数有标准差或方差、全距、四分差、平均差。

1. 全距

全距又叫两极差，用符号 R 表示。它是表示一组数据离散程度的最简单、最易理解的一种差异量数。全距的计算公式是：$R =$ 最大数 − 最小数。

全距是一种低效的差异量数，它通常用于研究的预备阶段，用来估计数据的分布范围，以便确定如何进行统计分组。

2. 四分差

四分差通常用符号 Q 表示，指在一组数据分布中，中间 50% 的数的全距之半，也就是第一四分点与第三四分点之差的一半。

四分差的计算公式为：

$$Q = \frac{Q_3 - Q_1}{2}$$

在分组数据中：

$$Q_1 = L_b + \frac{\frac{N}{4} - F_b}{f_{Q_1}} \cdot i$$

$$Q_3 = L_b + \frac{\frac{3N}{4} - F_b}{f_{Q_3}} \cdot i$$

式中：L_b 为四分点所在组的精确下限；f_{Q_3} 与 f_{Q_1} 为四分点所在组的次数；F_b 为四分点所在组以下的累加次数；i 为组距；N 为数据的个数。

3. 平均差

平均差是指每个原始数据与算术平均数离均差绝对值的算术平均值，一般用符号 AD 表示。平均差的计算公式为：

$$AD = \frac{\sum |X_i - \overline{X}|}{N} = \frac{\sum |X|}{N}$$

4. 方差与标准差

方差又叫变异数、均方。方差作为统计量，常用符号 S^2 表示；作为总体参数，常用符号

σ^2 表示。它是每个数据与该组数据平均数之差平方和的均值,即离均差平方和后的平均数。标准差即方差的平方根,标准差的统计量常用 S 或 SD 表示,其参数常用 σ 表示。

计算方差与标准差的基本公式为:

$$S^2 = \frac{\sum (X_i - \bar{X})^2}{N} = \frac{\sum X^2}{N}$$

$$S = \sqrt{\frac{\sum (X_i - \bar{X})^2}{N}} = \sqrt{\frac{\sum X^2}{N}}$$

计算方差与标准差的具体步骤:(1)求算术平均数 $\bar{X}$;(2)计算 $X_i - \bar{X}$;(3)计算 $(X_i - \bar{X})^2$;(4)将各离均差的平方求和 $(\sum X^2)$;(5)代入公式求方差与标准差。

若平均数不是一个整数或者有不能除尽的数,就需要由原始数据直接求方差与标准差。其公式如下:

$$S^2 = \frac{\sum X_i^2}{N} - \left(\frac{\sum X_i}{N}\right)^2 = \frac{N \sum X_i^2 - (\sum X_i)^2}{N^2}$$

$$S = \sqrt{\frac{\sum X_i^2}{N} - \left(\frac{\sum X_i}{N}\right)^2}$$

式中:$\sum X_i^2$ 为原数据的平方和;$(\sum X_i)^2$ 为原数据总和的平方;N 为数据个数。

方差与标准差是表示一组数据离散程度的最好的指标,其值大,说明离散程度大,其值小,说明数据比较集中。方差与标准差是统计描述与统计分析中最常用的差异量数。

方差与标准差的优点:(1)反应灵敏;(2)按照计算公式严密确定;(3)容易计算;(4)适合代数运算;(5)受抽样变动的影响小;(6)方差还具有可加性特点。

【真题训练】

1.(2021.10)单项选择题:下列选项中,属于差异量数的是(   )。

A. 算术平均数   B. 标准分数   C. 方差   D. 众数

【答案】C

【解析】对于数据变异性即离中趋势进行度量的一组统计指标,称作差异量数。常见的差异量数有标准差或方差、全距、四分差、平均差。

2.(2019.10)单项选择题:表示一组数据离散程度的最好的指标是(   )。

A. 平均差   B. 全距   C. 四分差   D. 标准差

【答案】D

【解析】方差与标准差是表示一组数据离散程度的最好的指标,其值大,说明离散程度大,其值小,说明数据比较集中。

(三)位置量数

在教育研究中通常需要确定某一数据在一组数据中所处的位置,表示数据所处位置的统计特征值就是位置量数。常见的位置量数有百分位分数、百分等级分数、标准分数、T 分数等。

1. 百分位分数

百分位分数就是次数分布中相对于某个特定百分点的原始分数,它表明在次数分布中特定个案百分比低于该分数。百分位分数用 P 加下标 m 表示,如 P_{30} 等于 80,表明在该次数分布中有 30% 的个案低于 80 分。其计算公式为:

$$P_m = L + \frac{\frac{P}{100} \cdot N - F_b}{F} \cdot i$$

式中:P_m 为第 m 百分位分数;L 为 P_m 所在组的组下限;F 为 P_m 所在组的次数;F_b 为小于 L 的累加次数;N 为总次数;i 为组距。

【真题训练】

(2019.10)单项选择题:百分位分数是次数分布中相对于某个特定百分点的(　　)。

A. 标准分数　　　　　　B. T 分数　　　　　　C. 原始分数　　　　　　D. 等级分数

【答案】C

【解析】百分位分数就是次数分布中相对于某个特定百分点的原始分数,它表明在次数分布中特定个案百分比低于该分数。

2. 百分等级分数

百分等级分数是指次数分布中低于这个原始分数的次数百分比,用 P_R 表示。百分等级分数指出原始数据在常模团体中的相对位置,百分等级分数越小,原始数据在常模团体中的相对位置越低,百分等级分数越大,原始数据在常模团体中的相对位置越高。计算百分等级分数的公式为:

$$P_R = \frac{N}{100} \cdot \left[F_b + \frac{f(X - L_b)}{i} \right]$$

式中:F_b 为小于 L 的累积次数;f 为某特定原始变量所在组的次数;L_b 为某特定原始变量所在组的下限;i 为组距;N 为次数分布的总次数。

3. 标准分数

标准分数又叫 Z 分数,是以标准差为单位表示一个数值在团体中所处的相对位置量数。其计算公式为:

$$Z = \frac{X_i - \overline{X}}{S}$$

式中:X_i 代表原始数据,$\overline{X}$ 为一组数据的平均数,S 为标准差。

Z 分数的特点:(1)它是一个数与平均数之差除以标准差所得的商数,它无实际单位;(2)Z 分数可以为正数或负数。

Z 分数的性质:(1)在一组数据中所有由原分数转换得出的 Z 分数之和为 0,其 Z 分数的平均数亦为 0;(2) 一组数据中各 Z 分数的标准差为 1。

Z 分数的应用:

(1) Z 分数可用于比较分属性质不同的观测值在各自数据分布中相对位置的高低;

(2) 当已知各不同质的观测值的次数分布为正态分布时,可用 Z 分数求不同观测值的总和或平均值,以确定其在团体中的相对位置;

(3) 表示标准测验分数。

【真题训练】

1. (2020.10)单项选择题:标准分数又被称为(　　)。

A. Z 分数　　　　　　B. T 分数　　　　　C. 百分位分数　　　　D. 百分等级分数

【答案】A

【解析】标准分数又叫 Z 分数,是以标准差为单位表示一个数值在团体中所处的相对位置量数。

2. (2021.10)单项选择题:表示标准测验分数常见的一种位置量数是(　　)。

A. T 分数　　　　　　B. 平均差　　　　　　C. 几何平均数　　　　D. 中数

【答案】A

【解析】T 分数是表示标准测验分数常见的一种位置量数。

考点三: 量化资料相关分析与因果分析

(一) 相关分析

相关关系是指事物之间存在关联,不存在因果联系,也不受第三事物的影响。相关分析就是对存在相关联系的事物的数量关系所做的统计分析方法。

相关的三种基本类型:正相关、负相关、零相关。

相关系数是变量间相关程度的数字表现形式,亦即是表示相关程度的指标。作为样本间相互关系程度的统计特征数,常用 r 表示,作为总体参数,一般用 p 表示。

相关系数的取值为 $-1.00 \sim 1.00$,常用小数形式表示。

从相关数据的性质和计算方式看,相关分析可分为积差相关分析、等级相关分析、质量相关分析和品质相关分析等。

1. 积差相关

(1) 积差相关的特点与适用资料。

积差相关又叫积矩相关,是英国统计学家皮尔逊于 20 世纪初提出的一种计算相关的方法,因而也叫皮尔逊相关。

适用于积差相关的数据资料应满足以下条件:

① 两列变量都是测量的数据,且两列变量各自总体的分布都是正态分布;

② 两列变量之间的关系应是直线性关系;

③ 计算积差相关一般要求数据的对数在 30 对以上,以保证相关系数的稳定性。

（2）积差相关的公式。

积差相关系数用 r 表示,其计算公式为:

$$r = \frac{\sum xy}{NS_x S_y}$$

式中: $x = X - \overline{X}$, $y = Y - \overline{Y}$, N 为成对数据的数目。

将 $S_x = \sqrt{\dfrac{\sum x^2}{N}}$、$S_y = \sqrt{\dfrac{\sum y^2}{N}}$ 代入公式,可写为:

$$r = \frac{\sum xy}{\sqrt{\sum x^2 \sum y^2}}$$

如果用原始数据计算,可用下式,这也是积差相关最常采用的计算公式:

$$r = \frac{\sum XY - \dfrac{\sum X \sum Y}{N}}{\sqrt{\sum X^2 - \dfrac{(\sum X)^2}{N}} \sqrt{\sum Y^2 - \dfrac{(\sum Y)^2}{N}}}$$

【真题训练】

（2019.10）单项选择题:20 世纪初期提出用积差相关方法来计算相关的研究者是(　　)。

A. 皮亚杰　　　　　　　B. 皮尔逊　　　　　　C. 高尔顿　　　　　　D. 蒙台梭利

【答案】B

【解析】积差相关又叫积矩相关,是英国统计学家皮尔逊于 20 世纪初提出的一种计算相关的方法,因而也叫皮尔逊相关。

2. 等级相关

等级相关方法又称为非参数的相关方法。等级相关常见的有斯皮尔曼等级相关和肯德尔等级相关。

（1）斯皮尔曼等级相关。

斯皮尔曼等级相关常用符号 r_R 表示,其计算公式如下:

$$r_R = 1 - \frac{6 \sum D^2}{N(N^2 - 1)}$$

式中: D 为对偶等级之差, N 为等级数目。

若直接用等级顺序数计算,可用下式:

$$r_R = \frac{3}{N-1} \cdot \left[\frac{4 \sum R_x R_y}{N(N-1)} - (N-1) \right]$$

式中: R_x、R_y 分别为两个变量的各等级顺序数, $\sum R_x R_y$ 为各对偶等级顺序数乘积之和。

（2）肯德尔等级相关。

肯德尔 W 系数常用符号 r_w 表示,其计算公式为:

$$r_w = \frac{SS}{\frac{1}{12}K^2(N^3-N)}$$

式中:$SS = \sum\left(R_i - \frac{\sum R_i}{N}\right)^2 = \sum R_i^2 - \frac{(\sum R_i)^2}{N}$;$R_i$ 为每一件被评价事物的 K 个等级之和;N 为被评价事物的件数;K 为评价者的数目或等级变量的列数。

在教育测量中,肯德尔 W 系数经常作为评分者信度指标。

3. 质量相关

在相关分析中,若一列变量为等比或等距的测量数据,另一列变量是按性质划分的称名变量,求这两列变量的相关,称之为质量相关。质量相关主要包括点二列相关、二列相关和多系列相关。

(1)点二列相关。

点二列相关的计算公式是:

$$r_{pb} = \frac{\overline{X}_p - \overline{X}_q}{S_t}\sqrt{pq}$$

式中:$\overline{X}_p$ 是与一个二分变量对应的连续变量的平均数;$\overline{X}_q$ 是另一个二分变量对应的连续变量的平均数;p 与 q 是二分变量各自所占的比率,$p+q=1$;S_t 是连续变量的标准差。

(2)二列相关。

二列相关有两种计算公式,它们是等值的:

$$r_b = \frac{\overline{X}_p - \overline{X}_q}{S_t} \cdot \frac{pq}{y}$$

$$r_b = \frac{\overline{X}_p - \overline{X}_t}{S_t} \cdot \frac{p}{y}$$

式中:S_t 与 $\overline{X}_t$ 是连续变量的标准差与平均数;$\overline{X}_p$ 为与二分变量中某一二分变量对偶的连续变量的平均数;$\overline{X}_q$ 为与二分变量中另一二分变量对偶的连续变量的平均数;p 为某一二分变量在所有二分变量中所占的比率;y 为 p 的正态曲线的高度,查正态表可得到。

4. 品质相关

品质相关是指两个变量分别按照其性质划分为性质不同的称名变量。常见的品质相关有四分相关和 Φ 相关。

(1)四分相关。

计算四分相关最常用的公式是皮尔逊余弦 π 法:

$$r_t = \cos\left(\frac{\pi}{1+\sqrt{\frac{ad}{bc}}}\right)$$

式中:π 为圆周率。

（2）Φ 相关。

计算 Φ 相关的公式为：

$$\Phi = \frac{ab+bc}{\sqrt{(a+b)(c+d)(a+c)(b+d)}}$$

式中的 a、b、c、d 同四分相关四格表的位置相同。

（二）回归分析

在许多教育研究中,常常需要确定变量间的因果关系,用一个数学模型来表达,并由已知变量预测未知变量的过程就叫回归分析,简称回归。

四、 同步强化练习

（一）单项选择题

1. 心理与教育科学研究报告和教育管理部门整理数据时普遍采用的方法是(　　)。

A. 统计表　　　　　　B. 集中量数　　　　　C. 统计图　　　　　　D. 差异量数

2. 下列关于统计图的说法中,错误的是(　　)。

A. 图题与图号一般写在图的上方

B. 图目是横坐标上所用的各种单位名称

C. 图形是图的主要部分

D. 图形的线条包括图形基线、尺度线、指导线和边框线等

3. 以圆点分布的形态表示两种现象间相关程度的统计图是(　　)。

A. 直方图　　　　　　B. 散点图　　　　　　C. 线形图　　　　　　D. 圆形图

4. 有些教育研究中所得数据各部分的重要性不同,这时若要计算平均数应该应用(　　)。

A. 算数平均数　　　　B. 加权平均数　　　　C. 几何平均数　　　　D. 调和平均数

5. 在描述速度方面的集中趋势时优于其他集中量数的是(　　)。

A. 加权平均数　　　　B. 中数　　　　　　　C. 调和平均数　　　　D. 众数

6. 下列关于中数的说法中,错误的是(　　)。

A. 中数是指位于一组数据中较大一半与较小一半中间位置的那个数

B. 如果数据的个数为奇数,取数据序列中第 $(N+1)/2$ 的那个数据为中数

C. 如果数据个数为偶数,取数据序列中第 $N/2$ 个与第 $N/2+1$ 个这两个数据为中数

D. 求中数不受极大值和极小值的影响

7. 表示一组数据离散程度的最简单、最易理解的一种差异量数是(　　)。

A. 全距　　　　　　　B. 四分差　　　　　　C. 方差　　　　　　　D. 平均差

8. 下列不属于位置量数的是(　　)。

A. 百分位分数　　　　B. 标准差　　　　　　C. 标准分数　　　　　D. T 分数

9. 下列关于百分等级分数的说法中,错误的是( )。

A. 百分等级分数表明在次数分布中特定个案百分比低于该分数

B. 百分等级分数指出原始数据在常模团体中的相对位置

C. 百分等级分数越小,原始数据在常模团体中的相对位置越低

D. 百分等级分数越大,原始数据在常模团体中的相对位置越高

10. 下列关于标准分数的说法错误的是( )。

A. 标准分数又叫 T 分数,是以标准差为单位表示一个数值在团体中所处的相对位置量数

B. 标准分数是一个数与平均数之差除以标准差所得的商数,它无实际单位

C. 标准分数可以为正负数

D. 一组数据中各标准分数的标准差为 1

11. 相关的基本类型不包括( )。

A. 正相关　　　　B. 零相关　　　　C. 负相关　　　　D. 全相关

12. 下列关于相关系数的说法中,错误的是( )。

A. 相关系数是变量间相关程度的数字表现形式

B. 相关系数的取值为 −1.00 ~ 1.00,常用小数形式表示

C. 相关系数是等距的度量值

D. 计算相关系数一般要求成对的数据

13. 求直线相关的基本方法是( )。

A. 积差相关　　　　B. 等级相关　　　　C. 质量相关　　　　D. 品质相关

14. 在教育测量中,经常作为评分者信度指标的是( )。

A. 积差相关系数　　　B. 肯德尔 W 系数　　　C. 回归系数　　　D. 斯皮尔曼系数

15. 下列不属于质量相关的是( )。

A. 点二列相关　　　B. 二列相关　　　C. 多系列相关　　　D. 四分相关

（二）名词解释题

1. 统计表

2. 算数平均数

3. 平均差

4. 位置量数

5. 积差相关

6. 回归分析

（三）简答题

1. 简述算数平均数的性质。

2. 简述众数的优点。

3. 哪些情况会使用众数?

4. 简述适用于积差相关的数据资料应满足的条件。

（四）论述题

试述回归与相关的关系。

五、参考答案及解析

（一）单项选择题

1.【答案】A

【考点】统计表的概念

【解析】统计表可以给人以一目了然、简洁清晰的印象,表中的数据易于比较分析,是心理与教育科学研究报告和教育管理部门整理数据时普遍采用的方法。

2.【答案】A

【考点】统计图的构成

【解析】图题与图号一般写在图的下方。

3.【答案】B

【考点】统计图的种类

【解析】散点图又称点图,它是以圆点的大小和相同大小圆点的多少或疏密表示统计资料数量的大小以及变化趋势的统计图。它是以圆点分布的形态表示两种现象间相关程度的。

4.【答案】B

【考点】加权平均数

【解析】有些教育研究中所得数据,其各部分的重要性不同,这时若要计算平均数,就不能用算术平均数,而应用加权平均数。

5.【答案】C

【考点】调和平均数

【解析】调和平均数在教育研究方面的应用主要是用以描述学习速度方面的问题。调和平均数作为集中量数之一,在描述速度方面的集中趋势时,优于其他集中量数。

6.【答案】C

【考点】中数

【解析】如果数据个数为偶数,则取数据序列中第 $N/2$ 个与第 $N/2+1$ 个这两个数据的均数为中数。

7.【答案】A

【考点】全距

【解析】全距又叫两极差,用符号 R 表示。它是表示一组数据离散程度的最简单、最易理解的一种差异量数。

8.【答案】B

【考点】位置量数

【解析】常见的位置量数有百分位分数、百分等级分数、标准分数、T 分数等。标准差属于差异量数。

9.【答案】A

【考点】百分等级分数

【解析】百分位分数表明在次数分布中特定个案百分比低于该分数。

10.【答案】A

【考点】标准分数的性质和特点

【解析】标准分数又叫 Z 分数,是以标准差为单位表示一个数值在团体中所处的相对位置量数。

11.【答案】D

【考点】相关的基本类型

【解析】相关有三种基本类型:(1) 正相关;(2) 负相关;(3) 零相关。

12.【答案】C

【考点】相关系数

【解析】相关系数不是等距的度量值,因此在比较相关程度时,只能说绝对值大者比绝对值小者相关更密切一些。

13.【答案】A

【考点】积差相关

【解析】积差相关是求直线相关的基本方法,在教育调查与教育测量研究中应用十分广泛。

14.【答案】B

【考点】肯德尔等级相关

【解析】在教育测量中,肯德尔 W 系数经常作为评分者信度指标。

15.【答案】D

【考点】质量相关

【解析】质量相关主要包括点二列相关、二列相关和多系列相关。四分相关属于品质相关。

(二) 名词解释题

1. **统计表**是表示数字资料的一种重要方式,在对数据进行统计分类以后,一般都用统计表的方式加以表达。对数据进行分类以后,所得到的各种数量结果称为统计指标。把统计指标和被说明的事物之间用表格的形式加以表示就构成统计表。

2. **算术平均数**通常简称为平均数或均数,是将所有的数据相加,再被数据的个数除所得的商。

3. **平均差**是指每个原始数据与算术平均数离均差绝对值的算术平均值,一般用符号 AD 表示。

4. 在教育研究中通常需要确定某一数据在一组数据中所处的位置,表示数据所处位置的统计特征值就是**位置量数**。

5. **积差相关**又叫积矩相关,是英国统计学家皮尔逊于 20 世纪初提出的一种计算相关的方法,因而也叫皮尔逊相关。

6. 在许多教育研究中,常常需要确定变量间的因果关系,用一个数学模型来表达,并由已知变量预测未知变量的过程就叫**回归分析**,简称回归。

（三）简答题

1. 算术平均数的性质如下:

（1）离均差之和等于 0;

（2）在一组数据中,每一个数都加上一个常数 C,则所得的算术平均数为原来的平均数加常数 C;

（3）在一组数据中,每一个数都乘以一个常数 C,则所得的算术平均数为原来的平均数乘以常数 C。

2. 众数的优点:

（1）概念简单明了,容易理解;

（2）计算时不需每一个数据都加入,因而较少受极端数据的影响;

（3）众数不能做进一步的代数运算。

3. 在下列情况下一般使用众数:

（1）当需要快速而粗略地寻求一组数据的代表值时;

（2）当一组数据出现不同质的情况时,可用众数表示典型情况;

（3）当次数分布中有两极端的数目时,有时也用众数(一般用中数)。

4. 适用于积差相关的数据资料应满足如下条件:

（1）两列变量都是测量的数据,且两列变量各自总体的分布都是正态分布;

（2）两列变量之间的关系应是直线性关系;

（3）计算积差相关一般要求数据的对数在 30 对以上,以保证相关系数的稳定性。

（四）论述题

回归与相关有区别也有联系。相关表示两个变量之间双方向的互相关系,而回归表示一个变量随另一个变量变化的单方向的关系。如果两个变量之间相关为 0,表明它们之间无相关,于是由一个变量值无法预测另一个变量值,此时回归就失去了意义。在存在相关的情况下,相关越高,由一个变量值预测另一个变量值就越准确,误差越小;当相关系数为 1.00 或 -1.00 时,预测会更为准确。

第十二章
质性研究资料的整理与分析

一、 教材知识思维导图

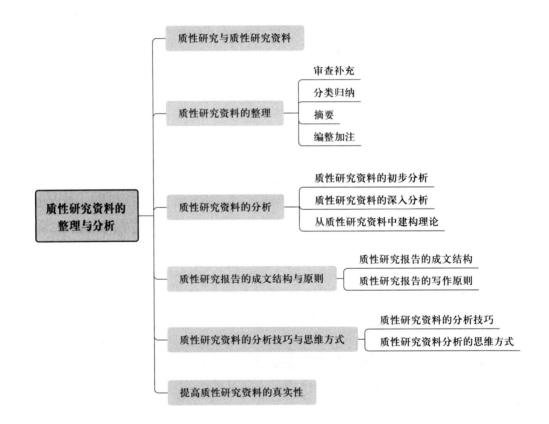

二、 本章重难点知识概要

重点知识:质性研究的概念;质性研究资料的整理步骤;质性研究资料的分析步骤;质性研究报告的成文原则。

难点知识:类属分析、情境分析、本土概念、扎根理论的基本概念;质性研究报告的撰写。

学习建议:本章涉及较多概念,建议在充分理解基本概念的基础上掌握质性研究资料整理与分析的基本步骤。

三、 重难点知识精讲

考点一: 质性研究与质性研究资料

质性研究以有别于定量研究的方式收集、整理、分析描述性、解释性质性研究资料来达成研究目的。在质性研究中,自然情境是研究资料的直接来源,研究者是获得研究资料的工具。

质性研究资料一般是以文字或图片的形式来收集的。在质性研究中,收集到的资料包括访谈记录、现场观察记录、照片、录音、录像、日记、个人评论、备忘录以及其他可以表达人们实际语言和行动的任何材料。

【真题训练】

(2018.4)单项选择题:在质性研究中,研究资料的直接来源为(　　)。

A. 自然情境　　　　　　　　　　B. 实验情境

C. 研究者　　　　　　　　　　　D. 被研究者

【答案】A

【解析】在质性研究中,自然情境是研究资料的直接来源,研究者是获得研究资料的工具。

考点二: 质性研究资料的整理

(一) 审查补充

审查收集到的原始研究资料是否符合研究的基本要求,是质性研究资料整理的第一步工作。

资料审查一般包括两个方面:(1) 审核收集的资料是否明确、完整,假如发现资料不明确或应有的内容缺失,应该及时采取补救措施,通过合理的方式进行补充收集,充实材料,使之全面和完整;(2) 辨别资料的真实与可靠程度。

质性研究资料审查补充环节的主要任务就是对原始资料的客观性进行鉴定。

【真题训练】

(2019.10)单项选择题:在质性研究中,主要任务是对原始资料的客观性进行鉴定的环节是(　　)

A. 资料分类归纳环节　　　　　　B. 资料编整加注环节

C. 资料摘要环节　　　　　　　　　D. 资料审查补充环节

【答案】D

【解析】质性研究资料审查补充环节的主要任务就是对原始资料的客观性进行有机的鉴定。

（二）分类归纳

对质性研究资料进行分类归纳是指按某种标准将原始资料分成若干类,同时归纳出各个类别资料的主要特点。

（三）摘要

做摘要的主要目的在于将研究中获得的、能有效反映研究问题的内容显现出来,将鲜明、生动、有着典型意义的研究资料作为分析的基本素材提炼出来,以便在研究报告中使用,增强研究的说服力。

（四）编整加注

编整加注是将各个类别的研究资料进行统一的编排和修整,分别注明它们的主要用途,以备对研究资料做进一步分析时使用,也有利于保存。

考点三：质性研究资料的分析

（一）质性研究资料的初步分析

1. 浏览原始资料

通过浏览原始资料,熟悉相关资料的内容,并仔细地斟酌其中的意义与相互关系。

2. 登录资料

登录资料是指将收集到的资料打乱,赋予一定意义后以新的方式重新组合在一起,这是质性研究资料分析中的一项基础工作。对研究资料的取舍往往取决于研究问题,研究者一般应该按照有目的抽样的形式对研究资料进行选择。在资料登录中,确定思考单位与设码是两个重要的思维策略。质性研究中图表可以有因果关系图、曲线图、网络图等多种形式。

3. 寻找"本土概念"

所谓"本土概念"是指研究者要尽可能使用被访谈人自己的语言作为思考单位的码号。当研究者难以从资料得到"本土概念"的时候,研究者必须使用自己的概念或一些被普遍接受的概念进行表示。

4. 编码与归类

依据研究的主题,理清研究记录中的意义分布和相互关系,编组成号码系统是这一环节的重要工作内容。

斯伯来德里的分类系统包括9个方面的内容:① 空间;② 行动者;③ 活动;④ 实物;

⑤ 行为;⑥ 事件;⑦ 时间;⑧ 目标;⑨ 感受。

研究者可以根据需要确定研究分类原则,对研究资料进行有效的归档。建立档案袋是对资料进行编码与归类的一个比较有效的辅助措施。

(二)质性研究资料的深入分析

1. 类属分析

类属分析是按照资料所呈现的某个观点或者主题进行分析,并在质性研究资料中寻找反复出现以及用来解释它们的概念、术语,包括类属要素、要素之间的关系和结构、形成类属的原因以及作用的分析。

在进行分类时,研究者必须要注意两个问题:

(1)避免子项过多,指分类时所得的子项的外延和母项的外延不相等;

(2)避免子项相容,指分类时标准不统一,使各个子项的外延存在相互交叉、兼容的情况。

2. 情境分析

情境分析就是将资料置身于研究现象所处的自然情境当中,按照事件发生的先后顺序对人物或者事件进行描述性分析,以呈现出在整体脉络下的各部分之间的连续性。情境分析的具体手段包括轮廓勾勒、片段呈现、个案、访谈片段、观察事件、故事等。

情境分析的步骤:(1)系统认真地通读资料,发现资料中的核心叙事、故事的发展线索以及组成故事的主题内容;(2)按照已经设立的编码系统为资料设码;(3)对资料进行归类。

(三)从质性研究资料中建构理论

质性研究中的理论是指在原始资料中提取出来的,适用于特定情境中解释特定社会现象和实际的语言表述,一般包括前人的理论、研究者自己的理论和资料中呈现出的理论几个方面。在质性研究中,往往采用"自下而上"的路线,通过归纳分析逐步产生理论。

在质性研究中,1967年格拉斯和斯特劳斯提出了"扎根理论",这是从经验材料中提取与建立理论的一种研究方法。他强调只有对原始资料进行深入的分析之后才能逐步形成理论框架,认为概念必须来源于原始资料,理论要有很强的实用性。同时要求开放地、灵活地处理资料。

"扎根理论"的主要操作程序是:对原始资料进行逐级登录,从中提升概念→不断地对资料和概念进行比较,系统地询问与概念有关的生成性理论问题,并建立概念与概念之间的联系→理论性抽样,系统地对资料进行编码→建构理论,不断地对理论概念进行高度整合,并在写作中生成理论结果。其中对资料进行编码是"扎根理论"中最重要的一环。

【真题训练】

(2020.10)单项选择题:在质性研究中,1967年格拉斯和斯特劳斯提出了从经验材料中提取理论,该理论为(　　)。

A. 扎根理论　　　　　　　　B. 经验理论

C. 建构理论　　　　　　　　D. 分析理论

【答案】A

【解析】在质性研究中,1967 年格拉斯和斯特劳斯提出了"扎根理论",这是从经验材料中提取与建立理论的一种研究方法。

考点四：质性研究报告的成文结构与原则

（一）质性研究报告的成文结构

质性研究报告一般包括 6 个部分:(1) 研究的问题;(2) 研究的目的;(3) 背景知识;(4) 研究的方法或策略;(5) 研究的结果;(6) 研究的结论。

除此之外,质性研究报告还应包括诸如摘要、参考文献或注释、附录等内容。

（二）质性研究报告的写作原则

(1) 深描;

(2) 注意作者自己的态度和语言;

(3) 充分尊重读者。

【真题训练】

(2021.10)单项选择题:质性研究报告的写作原则不包括(　　)。

A. 深描　　　　　　　　　　B. 注意作者自己的态度和语言

C. 充分尊重读者　　　　　　D. 回归分析

【答案】D

【解析】质性研究报告的写作原则包括深描、注意作者自己的态度和语言、充分尊重读者。

考点五：质性研究资料的分析技巧与思维方式

（一）质性研究资料的分析技巧

1. 操作技巧

对质性研究资料进行归类分析常用的操作技巧一般有手工操作与计算机分析两种。

手工操作一般程序是研究者将资料复印备份,原件保留,把复印件上的相关资料剪下,并标上相应的代码,分别放进档案袋;进行分析前,可以将某一个代码或几个相关代码的资料放在大桌子上、地板上或墙上,将同类资料进行必要的拼凑。

运用计算机分析的步骤:(1) 将资料输入计算机资料库,编成电子文件,给文本的每一行编号;(2)选择或发展相应的类别系统,并利用它对电子文件中的每个分析单位编号;(3)给类别系统归类,即将所有的分析单位按类别系统归属进行归档;(4)得出结论,发现质性研究资料中的概念或主题。

2. 分析技巧

(1)写备忘录;

(2)写日记、总结和内容摘要;

(3)画图表;

(4)交流。

【真题训练】

(2020.10)单项选择题:下列不属于质性研究资料分析技巧的是(　　　)。

A. 写备忘录　　　　　　　　　B. 比较与分类

C. 画图表　　　　　　　　　　D. 交流

【答案】B

【解析】质性研究资料分析技巧包括:写备忘录;写日记、总结和内容摘要;画图表;交流。

(二) 质性研究资料分析的思维方式

对质性研究资料的分析主要采用逻辑思维的方法进行,常用的分析方法有以下几种:

1. 比较与分类

比较是按照一定的标准,确定事件或现象之间异同关系的思维方式,包含同中求异与异中求同两个思维方向。

分类是在比较的基础上,将事件按照特定的关系进行区分的思维方法。分类大致有现象分类和本质分类两种。

2. 分析与综合

分析是将研究对象的整体分为各个部分、方面、因素和层次,分别加以考察,从而认识事件本质性的思维方法。因果分析与系统分析是对质性研究资料进行分析的主要方式。

综合是在分析的基础上,将有关事件的各个部分和要素联结成一个整体进行考察,力求从整体的认识上来把握事件本质性的思维方法。

3. 归纳

归纳是从已有的具体事实或个别性的结论出发,概括出一般性或普遍性结论的思维方法。质性研究中的"扎根理论",是归纳的一种研究方法,其宗旨是从经验资料的基础上建立理论。

【真题训练】

(2021.10)单项选择题:从已有的具体事实或个别性的结论出发,概括出一般性或普遍性结论的思维方法称为(　　　)。

A. 归纳　　　　　　　　　　B. 分析

C. 比较　　　　　　　　　　D. 想象

【答案】A

【解析】归纳是从已有的具体事实或个别性的结论出发,概括出一般性或普遍性结论的思维方法。

4. 直觉与想象

直觉是一种思维的感觉,是潜意识的活动,它的作用在于能猛然抓住事件的本质特征。

想象是以事件的表象为基础,进行分析、综合、加工、改造而构成新形象的思维过程。

四、 同步强化练习

(一) 单项选择题

1.质性研究资料的收集形式是(　　)。

A. 文字或图片　　　　　　　B. 文字或录音

C. 照片或录像　　　　　　　D. 录音或录像

2. 质性研究资料最常见的是(　　)。

A. 文字资料　　　　　　　　B. 图片资料

C. 录音资料　　　　　　　　D. 录像资料

3. 常见的对资料进行归类的方式有类属归类与(　　)。

A. 结构归类　　　　　　　　B. 要素归类

C. 情境分析　　　　　　　　D. 自然分析

4. 情境分析的具体手段不包括(　　)。

A. 轮廓勾勒　　　　　　　　B. 片段呈现

C. 宏观整合　　　　　　　　D. 观察事件

5. 对质性研究资料进行归类分析常用的操作技巧一般涉及手工操作与(　　)。

A. 设备操作　　　　　　　　B. 工具分析

C. 规模操作　　　　　　　　D. 计算机分析

6. 备忘录中,最常见的类型是(　　)。

A. 描述型备忘录　　　　　　B. 方法型备忘录

C. 分析型备忘录　　　　　　D. 理论型备忘录

7. 将研究对象的整体分为各个部分、方面、因素和层次,分别加以考察,从而认识事件本质性的思维方法是(　　)。

A. 比较　　　　　　　　　　B. 分类

C. 分析　　　　　　　　　　D. 综合

8. 对质性研究资料进行分析的主要分析方式包括因果分析与(　　)。

A. 相关分析　　　　　　　　B. 系统分析

C. 假设分析　　　　　　　　　D. 条件分析

（二）**名词解释题**

1. 编整加注

2. 登录资料

3. 类属分析

4. 情境分析

（三）**简答题**

1. 简述质性研究资料整理的步骤。

2. 简述质性研究资料初步分析的步骤。

3. 简述情境分析的步骤。

（四）**论述题**

试述在实际研究资料的收集过程中影响到质性研究效度的常见原因。

（五）**应用分析题**

某幼儿园大班的李老师进行了一项"关于幼儿合作心理的质性研究"，她对资料进行整理和分析后，准备撰写一篇质性研究报告。

问题：

（1）质性研究报告的写作要遵循哪些原则？

（2）根据质性研究报告的成文结构，结合案例撰写一份质性研究报告提纲。

五、 参考答案及解析

（一）**单项选择题**

1.【答案】A

【考点】质性研究资料

【解析】质性研究资料一般是以文字或图片的形式来收集的。在质性研究中，收集到的资料包括访谈记录、现场观察记录、照片、录音、录像、日记、个人评论、备忘录以及其他可以表达人们实际语言和行动的任何材料。

2.【答案】A

【考点】质性研究资料的整理

【解析】质性研究资料最常见的就是以文字记录下来的反映研究对象行为的性质、特点及其变化，以及研究对象的态度、意见等方面信息的描述性资料。以图片形式收集的质性研究资料在整理与分析时一般也是转化为文字描述资料进行处理。

3.【答案】C

【考点】质性研究资料的深入分析

【解析】常见的对资料进行归类的方式有类属归类与情境分析两种。

4.【答案】C

【考点】质性研究资料的深入分析

【解析】情境分析的具体手段包括轮廓勾勒、片段呈现、个案、访谈片段、观察事件、故事等。

5.【答案】D

【考点】质性研究资料的分析技巧

【解析】对质性研究资料进行归类分析常用的操作技巧一般涉及手工操作与计算机分析两种。

6.【答案】C

【考点】质性研究资料的分析技巧

【解析】备忘录又称分析报告,常用类型有描述型、方法型、分析型和理论型,其中分析型备忘录是最常见的。

7.【答案】C

【考点】质性研究资料分析的思维方式

【解析】分析是将研究对象的整体分为各个部分、方面、因素和层次,分别加以考察,从而认识事件本质性的思维方法。

8.【答案】B

【考点】质性研究资料分析的思维方式

【解析】因果分析与系统分析是对质性研究资料进行分析的主要方式。

（二）名词解释题

1. **编整加注**是将各个类别的研究资料进行统一的编排和修整,分别注明它们的主要用途,以备对研究资料做进一步分析时使用,也有利于保存。

2. **登录资料**是指将收集到的资料打乱,赋予一定意义后以新的方式重新组合在一起,这是质性研究资料分析中的一项基础工作。

3. **类属分析**是按照资料所呈现的某个观点或者主题进行分析,并在质性研究资料中寻找反复出现以及用来解释它们的概念、术语的过程,包括类属要素、要素之间的关系和结构、形成类属的原因以及作用的分析。

4. **情境分析**就是将资料置身于研究现象所处的自然情境当中,按照事件发生的先后顺序对人物或者事件进行描述性分析,以呈现出在整体脉络下的各部分之间的连续性。

（三）简答题

1. 质性研究资料整理的步骤是:（1）审查补充;（2）分类归纳;（3）摘要;（4）编整加注。

2. 质性研究资料初步分析的步骤是:（1）浏览原始资料;（2）登录资料;（3）寻找"本土概念";（4）编码与归类。

3. 情境分析的步骤是:

（1）系统认真地通读资料,发现资料中的核心叙事、故事的发展线索以及组成故事的主题内容;

（2）按照已经设立的编码系统为资料设码；

（3）对资料进行归类。

（四）论述题

在实际研究资料的收集过程中,影响到质性研究效度的原因有很多种,常见的有：

（1）记忆问题。导致资料失真的一个主要原因是时间过长、记忆力衰退。

（2）研究效应。当研究在一个人为的环境中进行时,被研究者可能表现得与平时不一样,导致效度失真。

（3）文化前设。研究者与被研究者之间的文化前设不一致也是一个导致效度失真的主要原因,具体地说,就是研究者与被研究者如果来自不同的文化背景、使用不同的语言,很容易产生误解。

（4）间接资料来源。是指被研究者提供的资料是从别人那里获得的二手资料,他们自己并不知道这些信息。

除了上述这些原因以外,在质性研究资料的获取过程中,研究者可能还会遇到诸如说谎、表现不一、隐瞒真相等严重影响研究资料有效性的实际问题。

（五）应用分析题

（1）质性研究报告的写作要遵循的原则：① 深描；② 注意作者自己的态度和语言；③ 充分尊重读者。

（2）质性研究报告的成文结构：① 研究的问题；② 研究的目的；③ 背景知识；④ 研究的方法或策略；⑤ 研究的结果；⑥ 研究的结论。

除此之外,质性研究报告还应包括诸如摘要、参考文献或注释、附录等内容。

（结合案例略）

第十三章
幼儿园教师研究成果的表达

一、 教材知识思维导图

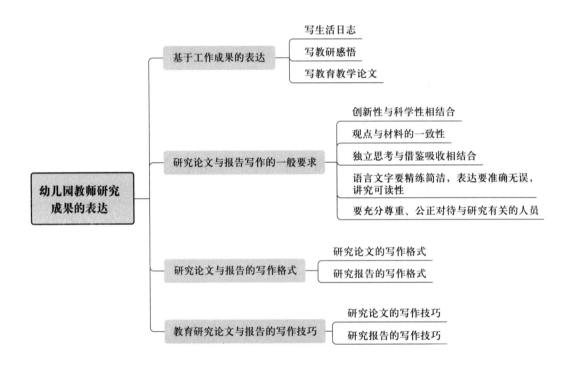

二、 本章重难点知识概要

重点知识:研究论文的写作格式;研究报告的写作格式。

难点知识:研究论文的写作技巧;研究报告的写作技巧。

学习建议:本章内容应用性较强,建议考生结合论文和报告的例文进行掌握。

三、重难点知识精讲

考点一：基于工作成果的表达

（一）写生活日志

生活日记的写作风格可区分为记事型、描写型、抒情型和议论型。

（二）写教研感悟

写教研感悟是教学反思的重要方式,教研感悟既要感同身受,又要感中有悟、悟中寻理。教研感悟可以在日记、笔记、随笔中体现,也可以在累积中形成系统的思想、观点、态度,甚至转化为系统的行为。

（三）写教育教学论文

这里的教育教学论文更多的是随感性的,但有完整的结构。

考点二：研究论文与报告写作的一般要求

研究论文是指研究者所写的任何专业性文章,它是研究者表达研究成果的文献资料,是对课题研究过程的概括和总结。在实际的研究论文写作中,根据研究论文的性质与特点,可以把论文分为两大类:实证性的教育研究报告与理论性的教育学术论文。

研究论文与报告写作的一般要求如下。

（1）创新性与科学性相结合。

创新性:教育研究论文与报告的核心是创新,它们能反映研究者在研究探索的过程中获得的新见解与新理论,所阐述的内容是前人所没有研究过的、未知的,或者是在前人的基础上,以新的材料、从新的理论高度进行探索,进而提出研究者的研究成果或见解。

科学性:研究论文与报告的创新性应该建立在科学性的基础之上。

教育研究论文与报告的科学性主要体现在:① 内容要实事求是,从实际出发,无论是立论、分析,还是论断,都要正确地反映客观规律;② 要有充分的论据和严格的论证,或者运用精确可靠的实证材料(包括文字与数据资料)来证明研究成果;③ 有关的理论与观点表述要完整、准确、系统。

【真题训练】

（2021.10）单项选择题:教育研究论文与报告的创新性建立的基础是（　　　）。

A. 典型性　　　　　　　　　　B. 完整性

C. 简洁性　　　　　　　　　　D. 科学性

【答案】D

【解析】研究论文与报告的创新性应该建立在科学性的基础之上,离开了科学性,创新性就将无从谈起。

（2）观点与材料的一致性。

处理好观点与材料的关系,是写好研究论文与报告的关键所在。观点与材料的统一,主要在于选材。在撰写研究论文与报告时,选材应符合以下要求:

① 围绕研究问题选择材料,分清主次;

② 材料选择要考虑材料的量与质的结合,选取典型的、具有代表性和说服力的材料;

③ 选取真实、准确,符合客观实际的材料,要对材料的真伪和价值进行考量。

（3）独立思考与借鉴吸收相结合。

（4）语言文字要精炼简洁,表达要准确无误,讲究可读性。

（5）要充分尊重、公正对待与研究有关的人员。

考点三：研究论文与报告的写作格式

（一）研究论文的写作格式

研究论文是科学研究成果的文字表述,通常指以教学经验、教育规律为研究对象的理论性文章,这类论文属于思辨性的研究。

一般而言,研究论文的基本框架见图 13-1。

    一、题目
    二、绪论
    三、本论（正文部分）
    四、结论
    五、结尾部分

图 13-1　研究论文的基本框架

从总体上看,研究论文多采用议论文的格式,通篇结构基本上遵循"绪论—本论—结论"的三段论式。

（二）研究报告的写作格式

研究报告通常也被称为科学论文。研究报告的正文一般分为前言（引言）、方法、结果、讨论、结论 5 个部分,加上题目部分和结尾部分,共 7 个部分。研究报告的基本框架见图 13-2。

一、题目部分

二、前言

三、方法

四、结果

五、讨论（正文部分）

六、结论

七、结尾部分

图 13-2　研究报告的基本框架

考点四：教育研究论文与报告的写作技巧

（一）研究论文的写作技巧

1. 题目或标题

对于研究论文题目的撰写要体现两个基本要求：

（1）题目要能高度概括论文的主要内容，准确地阐述研究的问题；

（2）题目要简洁精炼，尽量用较少的文字表达完整的意思。

2. 内容摘要

内容摘要又称内容提要，一般位于题目之后，用于让读者快速概括地了解论文的内容，并便于检索。内容摘要应该概括性地阐述论文的主要观点和基本内容，应短小精悍，依据论文篇幅的长短，将字数控制在 100~300 字。

【真题训练】

（2021.10）单项选择题：研究论文的摘要应依据论文的篇幅长短，将字数控制在（　　）。

A. 50~90　　　　　　　　　　　　B. 100~300

C. 400~500　　　　　　　　　　　D. 600~700

【答案】B

【解析】内容摘要应该概括性地阐述论文的主要观点和基本内容，应短小精悍，依据论文篇幅的长短，将字数控制在 100~300 字。

3. 前言

前言也称引言、序言、绪论等，它是一篇论文的开始部分，放在正文之前。

前言一般包括三个方面的内容：（1）说明研究的背景和动机，提出论文中要进行探讨的问题；（2）说明研究要探讨的重点；（3）概述问题探讨的理论意义或现实意义。

4. 正文

正文是论文的主体部分，又称本论。这一部分的篇幅一般较长，字数较多，要占全文的 2/3，甚至更多。

（1）正文的写作要有清晰的逻辑结构。

（2）正文的结构呈现一般有三种形式,具体内容见表 13-1。

表 13-1　正文的结构形式

形式	内容
并列结构	围绕中心论题设立若干个分论点,所有分论点与中心论点之间是垂直关系,分别论证中心论点
递进结构	将对中心论题的论证分为若干个层次,论述时层层展开,步步深入,直到形成最后的结论,论文的各分论点之间呈纵深的递进关系
综合结构	根据问题自身的逻辑关系使各分论点形成一个纵横交错的网络

（3）正文中论点、论据、论证主次明晰,具体要求如下:

① 论点明确具体;② 论据丰富充足;③ 论证符合逻辑规则。

【真题训练】

（2021.10）单项选择题:论文的主体部分是（　　）。

A. 题目　　　　　　　　　　　B. 正文

C. 结论　　　　　　　　　　　D. 注释

【答案】B

【解析】正文是论文的主体部分,又称本论。作者在这一部分应就研究的问题进行系统、全面、深入的研讨,不仅要阐述自己的观点,展示观点形成的各种理论或事实的依据,还应表现和论证观点形成的思维过程和思维方式。

5. 结论与讨论

结论:是对全部研究内容在进行分析、综合、抽象、概括的基础上进行的总结,是论题被充分证明后得出的结果,是针对研究问题作出的结论。

讨论:往往用于自然科学研究的研究论文,它是从理论上对研究结果的含义和意义进行解释与分析。

6. 注释和参考文献

（1）注释和参考文献的作用。

① 帮助读者了解与本课题有关的研究历史和已经取得的研究成果;

② 尊重他人的研究成果,体现严谨的治学态度;

③ 为他人提供查证的线索。

（2）注释和参考文献的格式。

注释:引文注释分为页末注（脚注）、文末注（段落或篇后注）、文内注（行内夹注）以及书后注。注释引用文字一定要注明出处,包括作者、书刊名称、文献篇名、卷数、页码、出版单位和时间等。如果是转引,要说明是"转引自"或"参见"。

参考文献:应有完备的出处,参考文献的呈现要用规范的格式。一般是:作者名（三人以上的,在第一作者后加"等"表示）、文献标题、书刊名称、卷数或册数、出版单位、出版时间及页码等。未公开发表的资料不要直接引用。

7. 附录

附录一般包括详细的原始数据、实验观察记录、图表、问卷、测试题或其他不宜放在正文中的资料,以资查证。

(二)研究报告的写作技巧

1. 题目部分

研究报告题目部分一般应包括标题、署名、摘要、关键词四个方面的内容。

(1)标题。

标题是研究报告的标签。简洁是撰写研究报告标题的重要原则。标题所表述的内容要与报告的内容所概括的范围保持一致。

(2)署名。

署名一般用真实姓名,并在姓名前或姓名下标出作者的工作单位。如果是集体成果,可署集体名称或课题组的名称。署名的排序按对课题研究贡献大小的顺序排列。

(3)摘要。

研究报告的摘要表述一般要涉及问题、方法、结果和结论。在字数上应按刊物的要求,一般 5 000 字左右的研究报告,摘要在 200 字左右。

(4)关键词。

关键词是将研究报告中能有效反映研究领域的最重要的词句提取出来,目的在于帮助读者了解研究的主攻方向,也便于文献检索系统进行主题分类和做索引。一般研究报告的关键词不超过 5 个。

【真题训练】

(2021.10)单项选择题:研究报告的关键词一般不要超过(　　　　)。

A. 2 个　　　　　　　　　　　　B. 3 个

C. 4 个　　　　　　　　　　　　D. 5 个

【答案】D

【解析】一般一篇研究报告的关键词不超过 5 个。

2. 前言部分

前言也称导语、引言,是研究报告的正文开头部分,主要包括问题陈述、文献综述、研究假设、变量的操作定义、研究的目的和意义等。

(1)问题陈述,主要说明研究问题的由来与相关的理论及经验背景。

(2)文献综述,主要是为研究问题提供背景与基础,明确研究的起点在哪里,是在怎样的基础上进行的。

(3)研究假设,一般在提出假设的同时,还需说明假设的依据和理由。

(4)操作定义,对重要的研究变量、名词术语要提供操作定义。

（5）目的和意义，可以涉及两方面的内容：能解决实际的教育问题；能建构或检验相关的理论。

3. 方法部分（为提供重复研究服务）

方法部分的基本内容包括：被试的数量、年龄，选取被试的方式与理由，材料、工具的选择，具体的研究方法和研究设计模式，研究的具体安排和步骤，如何收集资料和数据处理的方法等。

4. 结果部分（研究报告的核心内容）

（1）质性研究报告。

结果部分可能是综合了其他文献而形成的总结。质性研究报告比较多的运用这种方式。

（2）定量研究报告。

① 描述部分。

在定量研究报告结果的表述中，概括性的描述是指简要重复假设开头，然后排列出代表性的数据检验假设。

② 表格部分。

表格对总结结果是非常有效的，特别是在报告中包含大量的统计数据时更为明显。

清晰表格的规则：表格必须要有名称，名称要针对表格内容，要包括诸如测试项目或被试等；行与列要有适当的小标题；一个表格内不同类型的资料要有限制。

表格绘制的注意事项：表格要清楚地分隔数字，不要拥挤；一个表格尽可能不要超过一页纸；同一篇研究报告中表的格式要一致；表格中要较少使用竖线，数字不要超过表格线。

【真题训练】

（2019.10）单项选择题：在绘制统计表格时，应注意少使用（　　　）。

A. 横线　　　　　　　　　　B. 虚线

C. 竖线　　　　　　　　　　D. 实线

【答案】C

【解析】表格绘制的注意事项：（1）表格要清楚地分隔数字，不要拥挤；（2）一个表格尽可能不要超过一页纸；（3）同一篇研究报告中表的格式要一致；（4）表格中要较少使用竖线，数字不要超过表格线。

5. 讨论部分

讨论部分一般包括结论、建议与启示。

讨论部分的注意事项如下：

（1）讨论的内容要与相应的结果相联系；

（2）讨论的内容要与前言部分的问题背景、研究假设、文献综述相联系，并和前人或他人的相关研究进行比较，说明研究的成效；

（3）对该项研究进行总结,阐明其理论与实践的价值,以此为基础为实践改革提出有针对性的建议;

（4）讨论研究结果的局限性和研究的困难,同时为后续研究的展开指出方向和线索。

6. 结尾部分

结尾部分主要是参考文献和附录。

（1）参考文献。

涉及与研究课题有关的资料或者摘录引用已经发表的文献资料,均应注明出处。编排成目录列于正文之后。

（2）附录。

收入附录的资料一般有:作者自己设计的测量工具(问卷、量表),研究过程中收集的重要的原始分数表,与论文密切相关但难以插入正文的资料,以及具有旁证性的文献。

四、 同步强化练习

（一）单项选择题

1. 幼儿教师写作的第一目的是(　　)。

A. 研究　　　　　　　　　　B. 提升教育教学能力

C. 提升学历　　　　　　　　D. 幼儿的发展

2. 幼儿教师生活日记的写作风格不包括(　　)。

A. 说明型　　　　　　　　　B. 描写型

C. 抒情型　　　　　　　　　D. 议论型

3. 写好研究论文与报告的关键是(　　)。

A. 创新性与科学性相结合　　B. 语言文字精练简洁

C. 处理好观点和材料的关系　D. 独立思考与借鉴吸收相结合

4. 下列关于研究论文与报告写作要求的说法中,错误的是(　　)。

A. 观点与材料的统一,主要在于选材

B. 尽量运用浅显易懂的日常生活用语

C. 对于研究涉及幼儿的名称建议使用化名

D. 尊重真实的基础上讲究文采,言简意赅

5. 研究论文的基本框架不包括(　　)。

A. 方法　　　　　　　　　　B. 绪论

C. 本论　　　　　　　　　　D. 结论

6. 研究论文的前言内容不包括(　　)。

A. 说明研究的背景和动机

B. 说明研究要探讨的重点

C. 概述问题探讨的理论意义或现实意义

D. 简要概括涉及的问题、方法、结果和结论

7. 教师经验总结性论文写作时较为常见的结构形式是(   )。

A. 并列结构   B. 递进结构

C. 总分结构   D. 综合结构

8. 研究报告的前言部分不包括(   )。

A. 问题陈述   B. 文献综述

C. 研究假设   D. 背景动机

（二）名词解释题

1. 研究论文

2. 关键词

3. 操作定义

（三）简答题

1. 简述研究论文与报告写作的一般要求。

2. 教育研究论文与报告的科学性主要体现在哪些方面？

3. 简述撰写研究论文与报告时选材的要求。

4. 简述注释和参考文献的作用。

（四）论述题

论述教育研究论文正文部分的写作技巧。

五、 参考答案及解析

（一）单项选择题

1.【答案】B

【考点】幼儿教师写作的目的

【解析】幼儿教师写作的第一目的不是为了研究，而是为教育教学能力的提升，为改进教育教学实践而写作。

2.【答案】A

【考点】写生活日志

【解析】幼儿教师生活日记的写作风格可区分为记事型、描写型、抒情型和议论型。

3.【答案】C

【考点】研究论文与报告写作的一般要求

【解析】处理好观点和材料的关系，是写好研究论文与报告的关键所在。

4.【答案】B

【考点】研究论文与报告写作的一般要求

【解析】在研究论文与报告具体撰写过程中，要尽量避免造生词以及运用日常的生活用语代替科学术语，以免造成理解上的歧义。

5.【答案】A

【考点】研究论文的写作格式

【解析】一般而言,研究论文的基本框架包括:(1)题目;(2)绪论;(3)本论(正文部分);(4)结论;(5)结尾部分。

6.【答案】D

【考点】研究论文的写作技巧

【解析】研究论文的前言一般应包括三个方面的内容:(1)说明研究的背景和动机,提出论文中要进行探讨的问题;(2)说明研究要探讨的重点;(3)概述问题探讨的理论意义或现实意义。

7.【答案】A

【考点】研究论文的写作技巧

【解析】并列结构是围绕中心论题设立若干个分论点,所有分论点与中心论点之间是垂直关系,分别论证中心论点。这种结构方式在教师经验总结性论文写作时较为常见。

8.【答案】D

【考点】研究报告的写作技巧

【解析】前言也称导语、引言,是研究报告的正文开头部分。这部分包括:问题陈述、文献综述、研究假设、变量的操作定义、研究的目的和意义等。

（二）名词解释题

1. **研究论文**是科学研究成果的文字表述,通常指以教学经验、教育规律为研究对象的理论性文章,这类论文属于思辨性的研究。

2. **关键词**是将研究报告中能有效反映研究领域的最重要的词句提取出来,目的在于帮助读者了解研究的主攻方向,也便于文献检索系统进行主题分类和做索引。

3. **操作定义**是根据可观察、可测量、可操作的特征来界定变量含义的方法,使读者准确理解变量的意义,避免产生歧义。

（三）简答题

1. 研究论文与报告写作的一般要求:

（1）创新性与科学性相结合;

（2）观点与材料的一致性;

（3）独立思考与借鉴吸收相结合;

（4）语言文字要精炼简沽,表达要准确无误,讲究可读性;

（5）要充分尊重、公正对待与研究有关的人员。

2. 教育研究论文与报告的科学性主要体现在如下三个方面:

（1）内容要实事求是,从实际出发,无论是立论、分析,还是论断,都要正确地反映客观规律;

（2）要有充分的论据和严格的论证,或者运用精确可靠的实证材料(包括文字与数据资料)来证明研究成果;

（3）有关的理论与观点表述要完整、准确、系统。

3. 撰写研究论文与报告时选材的要求如下：

（1）围绕研究问题选择材料，分清主次；

（2）材料选择要考虑材料的量与质的结合，选取典型的、具有代表性和说服力的材料；

（3）选取真实、准确，符合客观实际的材料，要对材料的真伪和价值进行考量。

4. 注释和参考文献的作用如下：

（1）帮助读者了解与本课题有关的研究历史和已经取得的研究成果；

（2）尊重他人的研究成果，体现严谨的治学态度；

（3）为他人提供查证的线索。

（四）论述题

教育研究论文的正文部分应就研究的问题进行系统、全面、深入的研讨，不仅要阐述自己的观点，展示观点形成的各种理论或事实的依据，还应表现和论证观点形成的思维过程和思维方式。

（1）正文的写作要有清晰的逻辑结构。当论文的观点相对较多的时候，作者就应考虑文章的逻辑性，对各种观点进行统筹安排，理顺关系，以形成一定的结构。

（2）正文的结构呈现一般有三种形式：并列结构、递进结构和综合结构。并列结构方式在教师经验总结性论文写作时较为常见。对一些比较复杂的教育问题进行研讨时，应采用综合结构来体现研究论文的逻辑性。

（3）正文中论点、论据、论证要主次明晰。在安排论文结构时，首要的工作是分析结论自身的逻辑。在论文写作时要注意分清观点的主次关系，不可平均使用力量：① 论点明确具体；② 论据丰富充足；③ 论证符合逻辑规则。

模拟演练试卷（一）

第一部分 选择题

一、单项选择题：本大题共 30 小题，每小题 1 分，共 30 分。在每小题列出的备选项中只有一项是最符合题目要求的，请将其选出。

1．"促进幼儿早期阅读研究"这项学前教育研究课题，在研究类型上属于（   ）。

A．基础研究　　　　　　　　　B．应用研究

C．开发研究　　　　　　　　　D．评价研究

2．适合幼儿园教师入职初期采用的研究方法是（   ）。

A．工作日志记录　　　　　　　B．时间取样记录

C．协同行动研究　　　　　　　D．全息录像记录

3．在教育科学研究中，产生研究问题的常用思维策略包括怀疑和（   ）。

A．关注现实问题　　　　　　　B．阅读国家政策

C．了解专家观点　　　　　　　D．变换角度思考

4．研究问题产生程序的最后一个步骤是（   ）。

A．课题聚焦　　　　　　　　　B．写研究问题的论证报告

C．反思修订　　　　　　　　　D．分析研究问题的可行性

5．各种形式的文献中，数量最大、种类最多的一个门类是（   ）。

A．期刊　　　　　　　　　　　B．报纸

C．电子文献　　　　　　　　　D．书籍

6．下列有关搜集文献的说法中，错误的是（   ）。

A．搜集文献最常用的方法是检索法

B．新课题的综述所引用的文献最好是近 5 年内的

C．用于发表的文献综述参考文献要在 7 篇以上

D．研究者搜集的文献数量要与文献综述中所引用的参考文献的数量一致

7．整个研究计划的基础部分是（   ）。

A．导论部分　　　　　　　　　B．研究设计与方法部分

C．文献综述部分　　　　　　　D．研究条件与物质保障

8．研究中所采用的最基本的研究单元是（   ）。

A．分析模块　　　　　　　　　B．分析单位

C．分析样本　　　　　　　　　D．分析单元

9. 幼儿园教师最主要采用的观察类型是( )。

A. 自然情境中的观察 　　　　　B. 参与性观察

C. 实验室中的观察 　　　　　　D. 非参与性观察

10. 注重记录某种有价值的资料或信息,而不是连续记录一个特定儿童的行为及其发展的是( )。

A. 田野笔记 　　　　　　　　　B. 轶事记录

C. 日记描述 　　　　　　　　　D. 等级记录

11. 被称为"标准化访谈"的是( )。

A. 结构性访谈 　　　　　　　　B. 非结构性访谈

C. 特殊访谈 　　　　　　　　　D. 间接访谈

12. 结构性访谈最大的好处在于访谈结果( )。

A. 标准化程度低 　　　　　　　B. 易于统计分析

C. 利于深入讨论 　　　　　　　D. 便于双方发挥

13. 首次创立问卷调查法的心理学家为( )。

A. 达尔文 　　　　　　　　　　B. 高尔顿

C. 艾宾浩斯 　　　　　　　　　D. 冯特

14. "您每次是如何陪孩子阅读的?"这一问题属于( )。

A. 开放型问题 　　　　　　　　B. 封闭型问题

C. 半开放型问题 　　　　　　　D. 半封闭型问题

15. 所有取样方法的基础为( )。

A. 简单随机取样 　　　　　　　B. 系统随机取样

C. 分层随机取样 　　　　　　　D. 整群随机取样

16. 测量的指标体系指的是( )。

A. 测量主体 　　　　　　　　　B. 测量客体

C. 测量内容 　　　　　　　　　D. 测量工具

17. 能够进行大小比较,但不能作加、减、乘、除运算的量表是( )。

A. 称名量表 　　　　　　　　　B. 顺序量表

C. 等距量表 　　　　　　　　　D. 比率量表

18. 格塞尔发展顺序量表所测量的婴幼儿行为不包括( )。

A. 情感 　　　　　　　　　　　B. 顺应

C. 言语 　　　　　　　　　　　D. 社会应答

19. 一般编制测验题时,难度范围可控制在( )。

A. 0.10～0.50 　　　　　　　　B. 0.20～0.60

C. 0.30～0.70 　　　　　　　　D. 0.40～0.80

20. 实验控制的目的在于尽量排除变量干扰,其主要排除的干扰变量是( )。

A. 自变量 　　　　　　　　　　B. 有关变量

C. 因变量 　　　　　　　　　　D. 无关变量

21. 教育实验研究中应用最广泛、最具有应用前景和应用价值的设计方法是(　　)。

A. 准实验设计 　　　　　　　　B. 真实验设计

C. 前实验设计 　　　　　　　　D. 后实验设计

22. 下列行动研究模式中,以行动中的操作为核心的模式是(　　)。

A. 技术模式 　　　　　　　　　B. 实践模式

C. 理论模式 　　　　　　　　　D. 解放模式

23. 下列关于统计表的构造和编制要求中,错误的是(　　)。

A. 标目的好坏决定统计表的质量

B. 数字又称统计指标,缺数字的项要划"—"

C. 表注是统计表的必要组成部分

D. 表的左右两边纵线可以省去

24. 用于表示间断性的数字资料的统计图是(　　)。

A. 直方图 　　　　　　　　　　B. 条形图

C. 线形图 　　　　　　　　　　D. 圆形图

25. 又被称为非参数的相关方法的是(　　)。

A. 积差相关 　　　　　　　　　B. 等级相关

C. 质量相关 　　　　　　　　　D. 品质相关

26. 质性研究资料整理的第一步工作是(　　)。

A. 审查补充 　　　　　　　　　B. 分类归纳

C. 做摘要 　　　　　　　　　　D. 编整加注

27. 情境分析中内容最密集的部分是(　　)。

A. 核心叙事 　　　　　　　　　B. 设码

C. 轮廓勾勒 　　　　　　　　　D. 归纳

28. 教育研究论文与报告的核心是(　　)。

A. 规范性 　　　　　　　　　　B. 创新性

C. 可读性 　　　　　　　　　　D. 继承性

29. 研究报告的题目部分一般应包括标题、署名、摘要和(　　)。

A. 前言 　　　　　　　　　　　B. 关键词

C. 目录 　　　　　　　　　　　D. 附录

30. 研究报告的核心内容为(　　)。

A. 问题陈述 　　　　　　　　　B. 文献综述

C. 结果部分 　　　　　　　　　D. 方法部分

第二部分　非选择题

二、名词解释题：本大题共 3 小题，每小题 3 分，共 9 分。

31. 质性研究

32. 效标效度

33. 扎根理论

三、简答题：本大题共 4 小题，每小题 6 分，共 24 分。

34. 简述现代学前教育研究方法的特点。

35. 简述研究假设的特点。

36. 列出效度的常用类型。

37. 简述方差与标准差的优越性。

四、论述题：本大题共 2 小题，每小题 12 分，共 24 分。

38. 试论述确定观察方法时需要考虑的因素。

39. 试列举三种控制无关变量的方法，并加以论述。

五、应用分析题：本题 13 分。

40. 请结合以下案例和研究问题，制定一个为期三周的行动研究计划，每周为一个阶段，阐述每一阶段拟采用的行动方案和拟分析的问题。

某幼儿园教师所任教的班上有一个男孩经常无故打人。该教师决定开展一个行动研究，探讨降低该幼儿打人频率的有效方法。假定该教师采用奖励的方法，然后观察该幼儿的行为变化。

模拟演练试卷（一）参考答案及解析

一、单项选择题

1.【答案】B

【考点】学前教育研究的类型

【解析】应用研究是运用基础研究得出的一般原理和原则,针对某个具体的实际问题深入考察某一局部领域的特殊规律,即将一般原理情境化、具体化,然后提出具有较强针对性的应用理论和方法。例如"促进幼儿早期阅读研究",就是运用儿童符号认知的一般规律,提出促进幼儿早期阅读能力发展的具体方法。

2.【答案】A

【考点】不同发展阶段幼儿园教师适宜的研究方法

【解析】幼儿园教师入职初期适宜的研究方法是:自然观察、生活观察、田野观察、工作日志记录、轶事记录、谈话法、沟通法、个案研究、单一被试实验、行动研究等。

3.【答案】D

【考点】研究问题的产生

【解析】研究问题的产生需要依赖一定的思维策略。在教育科学研究中常用的思维策略有两种,即变换角度思考与怀疑。

4.【答案】B

【考点】研究问题的产生

【解析】通常研究问题产生程序有以下几个步骤:(1)初步确定研究问题的大致范围;(2)研究问题具体化(也称为课题聚焦);(3)依据研究问题的特征决定研究应该采用的基本方法;(4)写研究问题的论证报告。

5.【答案】D

【考点】学前教育文献的类型

【解析】书籍是各种形式文献中数量最大、种类最多的一个门类,主要包括教科书、专著、资料性工具书等。

6.【答案】D

【考点】文献综述的步骤

【解析】搜集文献要求越全面越好,因而最常用的方法是检索法。一般新课题的综述,所引用的文献最好是近5年内的;用于发表的文献综述,参考文献要在7篇以上。需要注意的是,研究者搜集的文献数量一般要多于最终撰写的文献综述中所引用的参考文献的数量。

7.【答案】C

【考点】一般研究计划的写法

【解析】文献综述部分是整个研究的基础。所有的研究课题和研究方法一般都建立在研究者对文献中所涉及知识的深刻理解的基础上,这种深刻理解的表现方式便是一篇有价值的文献评论文章。

8.【答案】B

【考点】选定分析单位

【解析】分析单位是研究中所采用的最基本的研究单元。任何研究问题的目的就在于以分析单位的特征描述来揭示由这些分析单位组成的更大群体的特征。

9.【答案】B

【考点】参与性观察

【解析】按照观察者是否参与被试的活动,可以划分为参与性观察与非参与性观察。幼儿园教师最主要采用的是参与性观察。

10.【答案】B

【考点】轶事记录

【解析】轶事记录与日记描述的不同之处在于这种记录方式主要对与研究相关的某件事件进程进行详细的描述,注重记录某种有价值的资料或信息,而不是连续记录一个特定儿童的行为及其发展。

11.【答案】A

【考点】结构性访谈

【解析】结构性访谈又称标准化访谈,是指访谈者按照统一的设计要求和事先规定的访谈内容依次向访谈对象提问,并要求受访者按规定的标准回答提问的正式访谈。

12.【答案】B

【考点】结构性访谈

【解析】结构性访谈的最大好处在于,访谈结果易于统计分析,对不同受访者的回答可进行比较分析。

13.【答案】B

【考点】问卷调查的历史

【解析】早在 1882 年,英国著名心理学家法兰西斯·高尔顿在伦敦创建了人类学测验实验室,曾经采用问卷调查法研究人类视觉表象的问题,由此问卷调查法首次创立并得到应用。

14.【答案】A

【考点】开放型问卷调查

【解析】开放型问卷调查,也叫非结构型问卷调查,调查者所用的问卷没有严格的结构,在问卷中只提出问题,不对问题提供具体答案,而由被调查者根据本人的意愿用自己的语言自由作答。例如:"您在陪孩子阅读时,通常选择哪类儿童读物?""您每次陪孩子阅读的时间是多少?"

15.【答案】A

【考点】简单随机抽样

【解析】简单随机抽样是概率抽样中运用最广泛、最简便易行的方法,是其他抽样方法的基础。

16.【答案】D

【考点】测量的基本要素

【解析】测量工具,指测量的指标体系。在教育研究中通常要借助于标准化测验或量表这类工具对测量客体的属性和特征进行测定,没有工具,测量难以进行。

17.【答案】B

【考点】顺序量表

【解析】顺序量表的数值具有等级性和序列性的特点,能够进行大小比较,但不能作加、减、乘、除运算,在数据处理上能用中位数、百分比、等级相关系数等统计方法。

18.【答案】A

【考点】智力测验

【解析】格塞尔及其同事于20世纪40年代发表了格塞尔发展顺序量表,以测查自出生后4周到6岁婴幼儿的发展状况。格塞尔量表主要从以下4个方面对婴幼儿的行为进行测查:动作、顺应、言语和社会应答。

19.【答案】C

【考点】难度指标

【解析】一般编制测验题时,理想的难度值为0.50,难度范围可控制在0.30~0.70之间。

20.【答案】D

【考点】学前教育实验的构成要素

【解析】在学前教育实验中,由实验者操纵变化的量叫自变量(也叫实验变量),由自变量直接引起变化的量叫因变量,跟实验目的无关的变量称为实验的无关变量。任何一个教育实验都会有上述三类变量的存在,实验的目的就是要尽量排除无关变量的干扰,有效地操纵自变量,并客观地观测因变量。

21.【答案】A

【考点】准实验设计

【解析】准实验设计通常是在自然情况或现场背景中进行,避免了实验条件过分控制可能带来的环境失真,并且操作相对简单,适用于更广泛的研究情境,具有较高的可行性,是教育实验研究中应用最广泛、最具有应用前景和应用价值的设计方法。

22.【答案】A

【考点】学前教育区域性行动研究的类型

【解析】从研究模式看,行动研究可分为技术模式、实践模式、解放模式。其中,技术模式的核心是行动中的操作,实践模式的核心是行动中的理解,解放模式的核心是行动中的批判。

23.【答案】C

【考点】统计表的构造和编制要求

【解析】表注写于表的下面,它不是统计表的必要组成部分。如果需要可对标题补充说明。数据来源、附记等都可作为表注的内容,文字可长可短。

24.【答案】D

【考点】统计图的种类

【解析】圆形图用于表示间断性的数字资料,主要目的是为了显示各部分在整体中所占的比重,以及各部分之间的比较。

25.【答案】B

【考点】等级相关

【解析】在教育研究中,有时收集到的数据不是等距或等比的测量数据,而是具有等级顺序的数据,即使收集到的数据是等距或等比的数据,但不满足求积差相关的要求,在这种情况下,就要用等级相关。由于这种相关方法对变量的总体分布不作要求,故又称这种相关法为非参数的相关方法。

26.【答案】A

【考点】质性研究资料的整理

【解析】审查收集到的原始研究资料是否符合研究的基本要求是质性研究资料整理的第一步工作。

27.【答案】A

【考点】质性研究资料的深入分析

【解析】核心叙事是情境分析中内容最密集的部分,它可以是对资料汇总后,用一个典型个案的方式表达出来;也可以以一个个案为主,辅之其他个案的内容作为补充。

28.【答案】B

【考点】研究论文与报告写作的一般要求

【解析】教育研究论文与报告的核心是创新。

29.【答案】B

【考点】研究报告的写作技巧

【解析】研究报告的题目部分一般应包括标题、署名、摘要、关键词4个方面的内容。

30.【答案】C

【考点】研究报告的写作技巧

【解析】结果是研究资料的产物,它们可以有多种形式。结果部分是研究报告的核心内容。

二、名词解释题

31.**质性研究**也称定性研究,是指以文字和图片对教育现象作描述。

32.**效标效度**又称效标关联效度,它是通过将测验与某种外在标准做比较来确定的。效标效度是由两个量数之间的相关关系决定的,一种是测量到的量数,另一种是作为参照标准的量数,后一种量数就称为效标(效度标准)。

33. 在质性研究中,1967 年格拉斯和斯特劳斯提出了"扎根理论",就是指从经验材料中提取与建立理论的一种研究方法。其强调只有对原始资料进行深入的分析之后才能逐步形成理论框架,认为概念必须来源于原始资料,理论要有很强的实用性。同时要求开放地、灵活地处理资料。

三、简答题

34. 现代学前教育研究方法的特点是:

（1）学科教育研究方法的界线越来越模糊;

（2）学前教育研究方法论由二歧走向整合;

（3）学前教育研究技术的高度专业化;

（4）学前教育研究的生态学运动;

（5）学前教育行动研究的走向。

35. 研究假设的特点为:

（1）研究假设具有可推测性;

（2）研究假设以事实和科学知识为基础;

（3）研究假设是人类的认识逐步接近客观真理的方式。

36. 效度的常用类型有:（1）内容效度;（2）效标效度;（3）结构效度。

37. 方差与标准差的优越性有:（1）反应灵敏;（2）按照计算公式严密确定;（3）容易计算;（4）适合代数运算;（5）受抽样变动的影响小;（6）方差还具有可加性特点。

四、论述题

38. 研究者应在充分了解各类观察方法特性与用途的基础上,依据以下几个因素选择合适的观察方法。

（1）观察研究的目的。观察研究的目的是观察研究活动的统帅,直接影响对观察方法的选择。如果观察研究需要了解的是程度、好坏的水平等,就需要运用定量观察方法,而观察研究还需要了解行为或事件是怎样发生、为什么发生时,一般可以采用定性观察方法或者参与性观察。在观察研究中,有时可以根据观察研究的目的选择两种或者两种以上的观察方法对观察问题的不同方面进行研究,可以使获得的资料更为全面、客观。

（2）观察对象活动的特点。观察对象活动的特点是指观察对象的活动在时间上的规律性和在生活空间上的分散与集中,以及活动中行为与事件的复杂性和变化的快慢等。研究者应该充分考虑以学前儿童为主体的研究对象的特点,了解幼儿园一日生活安排与一般教育与教学活动特征,选择合适的观察方法,以便于观察者观察到所要观察的行为与事件。

（3）观察者已具备的观察条件。不同的观察条件会直接影响观察者对观察方法的选择,观察者应考虑自身具备的观察条件来选择观察方法。这里所指的观察条件包括观察者能用的时间、观察设备（录音与录像器材等）、参与观察研究的经验、观察者与被试之间的关系等。在现实生活中,幼儿教师学做科研,应该立足于本园的经济能力、设备条件,选择合适的观察方法进行力所能及的观察研究。在条件允许的情况下,也应该创造条件提升观察研究的质量。

39. 控制无关变量是实验研究的一个主要问题,其控制方法有以下几种:

(1)随机化法。随机化法是控制无关变量影响的最简单、最有效的方法。随机化指从总体中随机选择被试(或样本),被试随机分配到实验组和控制组,随机指派实验处理等。

(2)消除法。消除法指设法将无关变量排除在实验之外,不让它参与到实验过程中来。如,性别可能会影响因变量的测定,那么被试的选择可都选男性或都选女性。

(3)平衡法。平衡法指在设计实验组和控制组时,将无关变量的影响平均分配到实验组和控制组中去,使各组之间的差异尽可能平等。实验组指接受实验处理的被试组;控制组又称对照组,指除了没有接受实验处理外,其他条件与实验组相同的被试组。

(4)恒定法。恒定法指使某些因素在实验中保持恒常不变,把有些变量变为常量加以控制,也就是说使无关变量的影响在实验前后保持不变。

(5)盲法。盲法指在实验中,被试或主试不知道谁接受了实验处理,谁没有接受实验处理,甚至不知道实验设计者真实意图的一种排除来自被试或主试主观态度影响的控制方法。盲法有单盲法和双盲法之分,单盲法指被试不知道自己在参与实验或正在接受某种实验处理,双盲法指被试和主试都不知道自己在参与实验或不知道谁接受实验处理。

(6)统计分离法。统计分离法指用统计方法将实验数据中无关变量的影响分离出来或削弱无关变量的影响。如测验后去掉最高分和最低分,将无关变量作为协变量分离出来等。

五、应用分析题

40. 行动研究的计划共分为三个阶段进行:(1)研究的准备阶段;(2)研究的实施阶段;(3)总结阶段。

结合该具体案例,设计如下行动研究计划:

(1)第一周:观察该幼儿的行为,了解存在的问题。采用时间取样记录法,了解该幼儿打人的频率和情境。

(2)第二周:制定奖励计划,每小时内如没有打人行为发生就给一个奖品,而后观察打人频率是否降低;如果停止奖励,打人频率是否升高。

(3)第三周:对收集的资料进行整理和反思。行动研究计划表明,奖励对降低该幼儿打人频率有效果,教师决定之后采用逐渐延长奖励时间间隔的方法消除幼儿的打人行为。

模拟演练试卷（二）

第一部分　选择题

一、单项选择题：本大题共 30 小题，每小题 1 分，共 30 分。在每小题列出的备选项中只有一项是最符合题目要求的，请将其选出。

1. 下列学前教育研究类型中，具有可实际操作即"拿来就用"特点的是（　　）。

A. 应用研究　　　　　　　　　B. 基础研究

C. 开发研究　　　　　　　　　D. 评价研究

2. 下列选项中适宜幼儿园教师入职中期的研究方法是（　　）。

A. 工作日志记录　　　　　　　B. 时间取样记录

C. 眼动记录　　　　　　　　　D. 全息录像记录

3. 根据研究活动对问题探讨的深度可以将研究问题分为描述性研究问题、因果性研究问题和（　　）。

A. 理论性研究问题　　　　　　B. 预测性研究问题

C. 应用性研究问题　　　　　　D. 实际研究问题

4. 名词与术语的界定通常要使用（　　）。

A. 概念性定义　　　　　　　　B. 字典途径定义

C. 操作性定义　　　　　　　　D. 解释性定义

5. 中国人民大学书报资料中心编辑发行的《复印报刊资料索引》属于（　　）。

A. 一次文献　　　　　　　　　B. 二次文献

C. 三次文献　　　　　　　　　D. 原始文献

6. 常用于范围较广、项目复杂、所需文献较系统全面的研究课题及学术文献普查的检索方法是（　　）。

A. 顺查法　　　　　　　　　　B. 逆查法

C. 跟踪法　　　　　　　　　　D. 计算机检索法

7. 学前教育研究的最基本动机是（　　）。

A. 检验理论或研究假设　　　　B. 契约研究

C. 专业成长研究　　　　　　　D. 无框架研究

8. 下列属于随机抽样设计的是（　　）。

A. 全面抽样设计　　　　　　　B. 极端个案抽样设计

C. 机械抽样设计　　　　　　　D. 深度抽样设计

9. 常见的定量观察记录方式不包括(　　)。

　A. 事件取样记录表　　　　　　　B. 时间取样记录表

　C. 图式记录　　　　　　　　　　D. 项目清单

10. 下列观察记录方法中,最适宜分析因果关系的记录方法为(　　)。

　A. 时间取样记录　　　　　　　　B. 事件取样记录

　C. 累计评定量表　　　　　　　　D. 数字评定量表

11. 结构性访谈又称(　　)。

　A. 直接访谈　　　　　　　　　　B. 间接访谈

　C. 一般访谈　　　　　　　　　　D. 标准化访谈

12. 关于访谈的倾听技巧,下列说法错误的是(　　)。

　A. 访谈者应鼓励被访者充分地表明自己的态度和观点

　B. 访谈者要设法体察隐藏在对方所说话语中的深层含义

　C. 访谈者应积极主动地有感情地与对方交往

　D. 当访谈过程中被访者出现沉默时,研究者应立刻发问打破沉默

13. 封闭型问卷调查也称为(　　)。

　A. 开放型问卷调查　　　　　　　B. 秘密型问卷调查

　C. 结构型问卷调查　　　　　　　D. 半开放型问卷调查

14. 编制问卷时,应尽量把问卷作答时间控制在(　　)。

　A. 10~20 分钟　　　　　　　　　B. 20~30 分钟

　C. 30~40 分钟　　　　　　　　　D. 1 小时之内

15. 问卷的回收率是影响问卷质量的一个关键因素,可以采纳建议的回收率应在
(　　)。

　A. 30% 左右　　　　　　　　　　B. 70% 以上

　C. 50%~69%　　　　　　　　　　D. 30%~70%

16. 世界上第一个智力量表是(　　)。

　A. 格塞尔发展顺序量表　　　　　B. 比奈—西蒙量表

　C. 贝利的婴幼儿发展量表　　　　D. 中国比奈测验

17. 以下选项主要用于识字量、阅读、算术测验的是(　　)。

　A. 能力倾向测验　　　　　　　　B. 移情测验

　C. 成就测验　　　　　　　　　　D. 画人测验

18. 毕业考试、英语水平测试、钢琴考级、律师和经济师的资格考试属于(　　)。

　A. 智力测验　　　　　　　　　　B. 非标准化测验

　C. 常模参照测验　　　　　　　　D. 目标参照测验

19. 内容效度主要用于(　　)。

　A. 智力测验　　　　　　　　　　B. 能力倾向测验

　C. 成就测验　　　　　　　　　　D. 个性人格测验

20. 将学前教育实验分为前实验、准实验和真实验,其分类标准是( )。

A. 实验目的

B. 自变量的多少

C. 实验的控制程度

D. 实验场所

21. 实验设计的符号系统中,X 一般表示( )。

A. 自变量

B. 因变量

C. 被试

D. 无关变量

22. 提出行动研究螺旋循环概念的学者是( )。

A. 西蒙

B. 比奈

C. 勒温

D. 格塞尔

23. 常用的统计表类型不包括( )。

A. 简单表

B. 复杂表

C. 分组表

D. 复合表

24. 应用最普遍的集中量数为( )。

A. 众数

B. 中数

C. 算术平均数

D. 几何平均数

25. 多用于编制是非题测验时评价测验内部一致性等问题的是( )。

A. 点二列相关

B. 二列相关

C. 多系列相关

D. 四分相关

26. 资料登录的重要思维策略包括确定思考单位和( )。

A. 聚合

B. 设码

C. 归档

D. 编码

27. "扎根理论"中最重要的一环是( )。

A. 建立概念与概念之间的联系

B. 对资料进行编码

C. 建构理论

D. 在写作中生成理论结果

28. 在质性研究中,从原始资料到理论建构的过程中不可缺少的思维方式为( )。

A. 比较与分类

B. 归纳

C. 分析与综合

D. 直觉与想象

29. 研究论文撰写过程中正文结构的呈现方式不包括( )。

A. 并列结构

B. 递进结构

C. 总分结构

D. 综合结构

30. 一般 5 000 字左右的研究报告,摘要的字数应是( )。

A. 100 字左右

B. 200 字左右

C. 300 字左右

D. 400 字左右

第二部分　非选择题

二、名词解释题:本大题共 3 小题,每小题 3 分,共 9 分。

31. 跟踪法

32. 概念的操作化

33. 目标参照测验

三、简答题:本大题共 4 小题,每小题 6 分,共 24 分。

34. 列出学前教育研究问题性质的主要类型。

35. 做好访谈的结束和收尾工作,一般应注意哪些问题?

36. 简述确定样本容量大小时应考虑的因素。

37. 简述幼儿园教师开展行动研究的必要性。

四、论述题:本大题共 2 小题,每小题 12 分,共 24 分。

38. 试论述问卷调查的优点。

39. 试论述质性研究资料分析的思维方式及其常用分析方法。

五、应用分析题:本题 13 分。

40. 夏季来临,某幼儿园老师李莉实施每天午餐后给中班全体 12 名儿童喝一小碗水的计划,结果发现儿童在午休时入睡快了,睡不着的幼儿少了,所以李老师得出的实验结果是儿童午餐后喝水有助于午睡。

问题:

(1)结合案例,分析该实验属于前实验设计、准实验设计还是真实验设计。

(2)李老师采用的是哪种设计模式?分析其设计特点。

模拟演练试卷（二）参考答案及解析

一、单项选择题

1.【答案】C

【考点】学前教育研究的类型

【解析】开发研究是根据学前基础研究和应用研究的成果，为学前教育工作者提供能够直接运用的教育产品。开发研究也是学前教育研究的一项重要内容，它具有可实际操作即"拿来就用"的特点。

2.【答案】B

【答案】不同发展阶段幼儿园教师适宜的研究方法

【解析】幼儿园教师入职中期适宜的研究方法是：客观观察、时间取样记录、事件取样记录、访谈法、深度访谈法、焦点访谈法、简单问卷法、纵向个案研究、跨个案研究、小样本被试研究、准实验性行动研究、协同行动研究等。

3.【答案】B

【考点】研究问题的类型

【解析】描述性研究问题、因果性研究问题与预测性研究问题这三类研究问题的划分依据的是研究活动对问题探讨的深度。

4.【答案】C

【考点】研究问题陈述的要求

【解析】需要界定的名词和术语是指研究问题中相关的重要概念与一些不常见的、容易误解的词语。名词与术语的界定通常要使用操作性定义。

5.【答案】B

【考点】学前教育文献的类型

【解析】二次文献指对一次文献进行加工、提炼、压缩后得到的文献，是关于文献的文献，主要包括书目、题录、索引、提要、文摘等。中国人民大学书报资料中心编辑发行的《复印报刊资料索引》就属于二次文献。

6.【答案】A

【考点】文献检索的方法

【解析】顺查法指在一定的时间范围内，以所检索的课题研究的发生时间为检索始点，按事件发生、发展的时间顺序，由远及近，由旧到新地进行检索的方法。这种方法常用于范围较广、项目复杂、所需文献较系统全面的研究课题以及学术文献的普查。

7.【答案】A

【考点】研究动机的审视

【解析】科学研究的首要目的就是检验理论或假设,它是学前教育学科的基本使命,也是学前教育研究的最基本动机。

8.【答案】C

【考点】随机抽样设计

【解析】随机抽样设计是指抽取样本时按照随机抽样的方式进行,随机抽样设计是建立在统计学的抽样分布理论基础上的。随机抽样设计主要有4种基本类型,即单纯随机抽样设计、机械抽样设计、整群抽样设计和分层抽样设计。

9.【答案】C

【考点】定量观察

【解析】定量观察是事先运用一套定量的结构化的记录方式所进行的观察,也称为结构性观察或系统性观察。常见的定量观察记录方式有4种形式,即时间取样记录表、事件取样记录表、项目清单、等级量表。

10.【答案】B

【考点】事件取样记录

【解析】事件取样记录较好地保留了行为事件发生的背景,不仅可以获得有关行为事件"是什么"的资料,还可以了解背景、起因,可用于分析因果关系,它比时间取样记录适用范围更广。

11.【答案】D

【考点】结构性访谈

【解析】结构性访谈又称标准化访谈,是指访谈者按照统一的设计要求和事先规定的访谈内容依次向访谈对象提问,并要求受访者按规定的标准回答提问的正式访谈。

12.【答案】D

【考点】访谈的倾听技巧

【解析】当访谈过程中被访者出现沉默时,研究者要暂时容忍沉默。细心观察受访者当时的非语言性表现(行为、表情等),根据具体情况再做出相应的反应,而不要为了打破沉默而立刻发问。

13.【答案】C

【考点】封闭型问卷调查

【解析】封闭型问卷调查,也叫结构型问卷调查,调查者所用的问卷具有严格的结构,在问卷中不仅提出了具体的问题,而且还提供了可选择的答案,被调查者只能在所限定的范围内挑选出答案,而不能选择这些答案之外的回答。

14.【答案】B

【考点】调查问卷问题设计的基本要求

【解析】调查问卷的问题数量的多少,要以能保持被调查者对应答问卷的兴趣和认真态度为准,最好把问卷作答时间控制在20~30分钟。

15.【答案】C

【考点】问卷的回收

【解析】一般来说,回收率在 30%左右,资料只能作为参考;回收率在 50%~69%时,可以采纳建议;当回收率达到 70%以上时,方可作为研究结论的依据。因此,问卷的回收率一般不少于 70%。

16.【答案】B

【考点】智力测验

【解析】1905 年,法国心理学家比奈及其助手西蒙联名发表了《诊断异常儿童智力的新方法》一文,由此,世界上第一个智力量表比奈—西蒙量表(B-S 量表)问世。

17.【答案】C

【考点】成就测验

【解析】成就测验是测被试经某种形式的学习后,对知识、技能的掌握程度或熟练水平,如识字量、阅读、算术测验等。

18.【答案】D

【考点】目标参照测验

【解析】目标参照测验又称标准参照测验,是衡量被试实际水平的测验。毕业考试、英语水平测试、钢琴考级、律师和经济师的资格考试等均是目标参照测验。

19.【答案】C

【考点】校标效度

【解析】内容效度主要用于成就测验,通过对内容的逻辑分析,从而确定它们的代表程度。

20.【答案】C

【考点】学前教育实验的分类

【解析】按实验的控制程度划分,学前教育实验可分为前实验、准实验和真实验。

21.【答案】A

【考点】实验设计的符号系统

【解析】实验设计的核心在于确定实验过程中的组织形式和变量处理模式,而代表组织形式的符号系统为:X 表示实验处理或自变量。—表示无实验处理。O 表示因变量的观测。G 表示组,即实验组或控制组。R 表示被试已做随机分配。S 表示被试。------表示虚线上面和下面的组不是等组。

22.【答案】C

【考点】教育行动研究的基本阶段

【解析】勒温认为行动研究是由许多圈所形成的反省性螺旋,其中每一个圈都包含计划、事实资料探索或侦察以及行动等步骤。每一个"研究一行动"圈会导致另一个"研究一行动"圈的进行。勒温由此将行动研究建构成一个连续不断的历程。

23.【答案】B

【考点】统计表的类型

【解析】统计表可按形式不同与内容不同的分类标志,将其划分成不同的类型,不同类型的统计表其具体功能不同。常用的统计表的类型有简单表、分组表和复合表。

24.【答案】C

【考点】算术平均数的特点

【解析】算术平均数是应用最普遍的一种集中量数。它是"真值"逼近的、最佳估计值。

25.【答案】A

【考点】点二列相关

【解析】点二列相关多用于编制是非题测验时评价测验内部一致性等问题。这类测验每题只有两个答案,答对得分,答错不得分。

26.【答案】B

【考点】质性研究资料的初步分析

【解析】在资料登录中,确定思考单位与设码是两个重要的思维策略。确定思考单位是指在已有的资料中提炼出某些有意义的内容。设码就是对所确定的思考单位进行必要的编码,赋予相应的代码。

27.【答案】A

【考点】从质性研究资料中构建理论

【解析】对资料进行编码是"扎根理论"中最重要的一环。

28.【答案】B

【考点】质性研究资料分析的思维方式

【解析】归纳是从已有的具体事实或者个别性的结论出发,概括出一般性或普遍性结论的思维方法。归纳是质性研究从原始资料到理论建构过程中不可缺少的思维方式。

29.【答案】C

【考点】研究论文的写作技巧

【解析】研究论文的正文的结构呈现一般有三种形式:并列结构、递进结构和综合结构。

30.【答案】B

【考点】研究报告的写作技巧

【解析】研究报告摘要撰写总体上与研究论文摘要相似,但在表述的内容上略有不同。研究报告的表述一般要涉及问题、方法、结果和结论。在字数上应按刊物的要求,一般 5 000 字左右的研究报告,摘要在 200 字左右。

二、名词解释题

31. **跟踪法**又称引文查找法,是以已掌握的参考文献或参考书目,以及期刊上发表论文所引用的参考文献为线索,跟踪查阅有关主题的文献。

32. **概念的操作化**是一种概念描述的规定,它需要被研究的概念特征具体化,其实质是描述用什么办法来测量概念。

33. **目标参照测验**又称标准参照测验,是将被试在测验上的分数与事先制定好的某种标准进行比较,看被试是否达到了目标规定的要求,是衡量被试实际水平的测验。

三、简答题

34. 学前教育研究问题性质的主要类型有:

(1)按研究问题的目的划分为理论性研究问题与应用性研究问题。

(2)依据研究活动对问题探讨的深度划分为描述性研究问题、因果性研究问题与预测性研究问题。

(3)按研究问题来源划分为纵向研究问题、横向研究问题与自选研究问题等。

35. 要做好访谈的结束和收尾工作,一般应注意如下问题:

(1)访谈时间的把握问题。每次访谈的时间不宜过长,一般在两个小时以内为宜。

(2)结束访谈的时机应适时,一般来说,访谈应在良好的气氛中进行,在适时的时机结束。

(3)以一种尽可能轻松、自然的方式结束访谈或访谈者做出准备结束访谈的某些姿态。

(4)访谈结束时应向受访者的合作表示感谢。

36. 确定样本容量大小时应考虑如下因素:

(1)研究目的;

(2)研究经费和研究时间;

(3)研究问题的特点;

(4)研究所采取的抽样方法;

(5)研究对象总体的同质性;

(6)研究实施过程中的具体情况;

(7)研究所使用测量工具的可靠性。

37. 幼儿园教师开展行动研究是非常必要的,具体如下:

(1)改进传统幼儿园教师继续教育的需要;

(2)幼儿园教师专业共同体的建立与专业发展的需求;

(3)当前幼儿园教育改革的需要;

(4)幼儿园教师知识观、教育观转变的需要。

四、论述题

38. 问卷调查的优点如下:

(1)调查工具的统一性;

(2)调查方式的灵活性;

(3)调查范围的广泛性;

(4)调查内容的深入性;

(5)调查过程的匿名性;

(6)调查结果的客观性。

39. 对质性研究资料的分析主要采用逻辑思维的方法进行,常用的分析方法有以下几种:

(1)比较与分类;

（2）分析与综合；

（3）归纳；

（4）直觉与想象。

五、应用分析题

40.（1）该实验属于前实验设计。前实验设计具有实验设计的基本成分，但缺乏对无关变量的控制，效度很差，又非实验设计。案例中的实验设计对许多问题难以作出解释，除了午餐后给儿童喝水外，也可能存在其他影响因素。比如，周围环境变安静了，天气热、消耗大、容易疲劳，儿童午休时老师一直在旁监督，儿童逐渐成熟，自觉遵守纪律，等等。实验中对上述因素均未研究，就很难下结论说午休状况的变化一定是午餐后喝水引起的。

（2）该实验属于单组后测设计。单组后测设计只有一组被试（中班 12 名儿童），只给予一种实验处理（午餐后喝一小碗水），只有一次后测（午睡效果），并且后测的结果就是实验处理的效应。这种实验设计，既不对无关变量作控制，又不随机选择被试，所以很少被采用。

郑重声明

高等教育出版社依法对本书享有专有出版权。任何未经许可的复制、销售行为均违反《中华人民共和国著作权法》,其行为人将承担相应的民事责任和行政责任;构成犯罪的,将被依法追究刑事责任。为了维护市场秩序,保护读者的合法权益,避免读者误用盗版书造成不良后果,我社将配合行政执法部门和司法机关对违法犯罪的单位和个人进行严厉打击。社会各界人士如发现上述侵权行为,希望及时举报,我社将奖励举报有功人员。

反盗版举报电话　(010)58581999　58582371

反盗版举报邮箱　dd@hep.com.cn

通信地址　北京市西城区德外大街4号　高等教育出版社法律事务部

邮政编码　100120

读者意见反馈

为收集对教材的意见建议,进一步完善教材编写并做好服务工作,读者可将对本教材的意见建议通过如下渠道反馈至我社。

咨询电话　400-810-0598

反馈邮箱　gjdzfwb@pub.hep.cn

通信地址　北京市朝阳区惠新东街4号富盛大厦1座

　　　　　高等教育出版社总编辑办公室

邮政编码　100029

防伪查询说明

用户购书后刮开封底防伪涂层,使用手机微信等软件扫描二维码,会跳转至防伪查询网页,获得所购图书详细信息。

防伪客服电话　(010)58582300